6年間まるっと！おまかせ！

短時間でパッとできる

音楽あそび大事典

『授業力＆学級経営力』
編集部 編

明治図書

イントロダクション

夢中になれる
音楽あそびのアイデアは
たくさんある

国立音楽大学 津田 正之

1. 音楽科における音楽あそびの重要性

　昔から「よくあそび，よく学べ」と言われています。大切な教えであったと思いますが，ややもすれば「あそび」と「学び」を二項対立的にとらえる価値観が背景にありました。

　今は「あそびを通して学ぶ」ことが大切にされています。「あそび」は，楽しさ，自発性，協働性，満足感（よかった，できた，面白かった）を有する自由度の高い活動です。あそびの重要性が強調される幼児教育と，小学校教育との効果的な接続を図ることが強調されるようになってきています。

　もっとも音楽科では，「リズム遊びやふし遊び」（平成10年告示），「音遊び」（平成20年告示～現在）など，「音楽あそび」（音楽活動を伴う様々な遊び）に関する内容が学習指導要領に位置づけられてきました。そして現在，「協働して音楽活動する楽しさを感じながら／味わいながら」（学年の目標）という「音楽あそび」と親和性のある言葉が示されるようになっています。

　音楽あそびを通して学ぶことは，音楽科において重要な学習方法の一つ。意図的・計画的な教育の場である音楽の授業では，音楽あそびの活動がどのような資質・能力の育成につながるのか，音楽活動の充実につながるのか（各事例のねらいを参照），という視点をもつことが重要になってきます。

　子どもが夢中になれる音楽あそびのアイデアは，たくさんあります。

2. 効果的な音楽あそびのポイント！

　では，効果的な音楽あそびを実現するためには，どのようなことが大切なのでしょうか。本書の事例から読み取ることができるポイントを提示します。

【安心感，全員参加，挑戦意欲，夢中になれる】

　まずは「これならできる」と，全員が安心感をもって参加できることです。その上で「少し難しそうだけど，できたら面白いな」といった，よい加減の「挑戦意欲を喚起するあそび」「夢中になれるあそび」であることが大切です。

【豊かなコミュニケーション】

　集団での音楽活動の魅力の一つは，子ども間のコミュニケーションが実現できることです。その実現のためには，手合わせ，ボール回しなど，スキンシップや物の活用も効果的です。

【子どもからアイデアを引き出す，アイデアを価値づける】

　「これは面白い」という音楽あそびのアイデアを提供するのは先生です。「この先生は音楽あそびの名人！」と子どもが感じてくれると最高です。

　一方，そもそもあそびは，自発性の伴った自由度の高い活動です。先生のアイデアに触発されて，子どもから「違う拍子でやってみよう」「うたのじゃんけんで，負けたら座って終わりだと，最初に負けた人が退屈。座ってもじゃんけんを続けて，３回勝ったら敗者復活にしよう」など，素敵なアイデアが出てくるようにすること，さらに，先生がそのアイデアのよさを価値づけ，学級全体で共有することが，音楽あそびを意味あるものにします。

3. 本書の特徴と使い方

　本書の「音楽あそび」は，次のような内容で構成しています。
「学級活動であそぶ」「音楽ゲームであそぶ」「体を動かしてあそぶ」
「歌であそぶ」「楽器であそぶ」「音であそぶ・つくってあそぶ」
「聴いてあそぶ」「タブレット端末であそぶ」「異学年とあそぶ」

いろいろな活動の場を想定しながら，前記の内容を設定し，そのカテゴリーに合わせて事例を分類しました。ただし「体を動かしながら聴いてあそぶ」のように，どの事例にも複数の内容が含まれています。所用時間，準備物，対象学年なども，固定的なものではないことをお含みおきください。

　まずは，興味のあるカテゴリーの内容，タイトルのものから読んでください。魅力的な内容が目に飛び込んでくることでしょう。音楽の授業では，本時の展開と関連のある内容の音楽のあそびを取り入れることが理想ではありますが，最初は，それにこだわらず，読者のみなさんが「やってみたい！」と実感できるものから実践してみましょう。先生が，子どもの笑顔あふれる，楽しい音楽あそびの場を経験できると，音楽の授業を工夫することが楽しくなってきます。また，実際に実践してみると，いろいろなことが見えてきます。次のステップとして，子どもの実態や本時の学習内容などに応じて，展開の仕方を工夫してみましょう。

　先生の役割として大切なのは，子どもが音楽あそびに夢中になって取り組めるようにするとともに，子どもが「曲に合わせたボディパーカッションが楽しくて，呼びかけとこたえのよさを感じることができた」，「〈あ〉の声の出し方だけで，こんな面白い音楽ができるとは驚きだった」「気がついたら，速さが変わる楽しさに，めっちゃ気持ちが向いていた」のように，音楽あそびを通した学びを実感できるようにすることです。本書の事例には，そのような子どもの姿が生き生きと描かれています。

※

　黒柳徹子さんの出身校「トモエ学園」を取り上げたテレビ番組を拝見しました（「トットちゃんの学校 〜戦時下に貫いた教育の夢〜」NHK，2024年7月2日放映）。パリのダルクローズ学校でリトミックを学んだ小林宗作が創設した「トモエ学園」は，児童中心主義の理念に基づき「電車の教室」「リトミック」など，子どもの好奇心を引き出す活動に満ちていました。「夢中になってあそんだことは今でも鮮明に覚えている」と語る黒柳さんの姿から，あそびを通した教育の重要性は「不易」であることを実感しました。

イントロダクション／津田正之

夢中になれる音楽あそびのアイデアはたくさんある／003

内容別　短時間でパッとできる音楽あそび

学級活動であそぶ

「おちゃらか」の基本的なあそび方をマスターしよう！「おちゃらか」（その１）／012
「おちゃらか」を発展しよう！①「おちゃらか」（その２）／014
「おちゃらか」を発展しよう！②「おちゃらか」（その３）／016
友達の歌っているときの素敵な姿を見つけよう！いい顔さがし／018
歌に合わせて自己紹介しよう！「あなたのおなまえは」（インドネシア民謡）／020
ピースとピースで楽しもう！なかよし「かにさん」／022
見えないものを感じる力を研ぎすまそう！火の玉回しゲーム／024

音楽ゲームであそぶ

秒針の速さに合わせて１人ずつ手拍子で表現しよう！ピッタリ○○秒に挑戦／026
「アルプス一万尺」にじゃんけんをまぜてみよう！アルプスじゃんけん／028
友達と一緒にゲーム感覚で拍子を楽しもう！拍子に合わせてピタッと座ろう／030
声当てクイズをしよう！誰の声かな／032
拍にのって伝え合おう！なにがすき？リレー／034
拍に合わせてリズムあそびを楽しもう！リズム仲間を見つけよう／036
歌いながら歩きながら楽しもう！歌いながらじゃんけん列車／038

歌って動いてみんな仲良し！「かたつむり」になってみんなであそぼう／040

リコーダーの音を即興的に吹いて音の重なりを楽しもう！指揮者の合図で音を重ねよう／042

音を聴いて，誰の名前か当てっこしよう！名前当て旋律あそび／044

曲名を当てよう！私は誰でしょう／046

耳をすませて音を聴こう！「おにさんこちら」（わらべうた）／048

体を動かしてあそぶ

ペアで歌いながらリレーしよう！帰ってきてねゲーム／050

授業の前に体も心も準備体操！フラワービートとボディパーカッション／052

友達のつくったリズムを楽しもう！つなごう！即興リズムリレー／054

仲間と手あそびで盛り上がろう！「セブンステップス」（アメリカのあそび歌）／056

童謡に出てくる動物になって歩こう！歌いながら動物になろう／058

わらべうたを楽しもう！わらべうたあそび／060

聴いて体を動かそう！高い音低い音／062

全員がリズムで1つになる！クイーン風インスタント・ボディパ・アンサンブル／064

体を動かしながら民謡の特徴を感じ取ろう！「こきりこ」を踊ろう／066

相手の動きをまねっこして楽しもう！ボディパでまねっこ／068

好きなメニューを選んでリズムあそびを楽しもう！リズムレストランへ，ようこそ／070

拍を感じ取りながら楽しく踊ろう！「さんぽ」で踊ろう／072

拍を感じ取りながら楽しもう！動物ゲーム／074

音楽や仲間と一体になってあそぼう！どっちがかがみ？／076

仲良くリズムよく肩たたきをしながら歌おう！歌って トントン 肩たたき／078

即興的につくったリズムをジャンプでまねよう！タンブリンでまねっこジャンプ／080

変拍子の歌を楽しもう！「あんたがたどこさ」／082

「山びこ」のようにいろいろなリズムのまねっこを楽しもう！まねっこリズム／084

歌であそぶ

歌詞の言葉に注目して何の曲かを探そう！ 口の動き（口パク）で曲探し／086

歌のまねっこあそびをしよう！ 「こぶたぬきつねこ」／088

ぬいぐるみキャッチに合わせて声を出そう！ ボイスキャッチゲーム／090

互いの歌声を聴き合おう！ あいさつゲーム／092

口唱歌に親しもう！ 口唱歌クイズ ①〜ＮＧ口唱歌／094

口唱歌に親しもう！ 口唱歌クイズ ②〜利き口唱歌／096

歌って動いて友達とつながろう！ 歌でなかよし／098

拍を感じながら楽しく歌って体を動かそう！ 「さんぽ」でハイタッチ／100

手と頭の準備運動をしよう！ 旋律のリズムであそぼう／102

どんなふうに歌おうかな？ めざせ！表現名人／104

楽器であそぶ

旋律や小節に目を向けながらリコーダーを演奏しよう！ 小節限定演奏／106

リコーダーの頭部管で「面白い！」を引き出そう！ リコーダーで小鳥になりきろう／108

打楽器からどんな音がするか聴いてみよう！ 好きな音，どんな音？／110

どんな音が出せるかな？ 鍵盤ハーモニカであそぼう／112

美しい響きを味わいながら和音を学ぼう！ トーンチャイムで和音づくり／114

ペットボトルの音色を楽しもう！ エアコーク・アンサンブル／116

どの演奏がチャルメラにぴったり？ みんなでラーメン屋さん／118

5音音階を使って即興的な表現を楽しもう！ リコーダーでお返事あそび／120

黒鍵1音を選んで音色や呼吸に気をつけて演奏しよう！ やさしい息で／122

音であそぶ・つくってあそぶ

線に合わせて声を出そう！ **どんな声を出そうかな**／124

文字の色や形から声の出し方の発想を広げよう！ **声で「あ」を表そう①**／126

拍にのって「あ」のリズムを重ねよう！ **声で「あ」を表そう②**／128

絵から音の発想を広げよう！ **トーンチャイムの音で絵を表そう**／130

ペットボトルを音符に見立てよう！ **ペットボトルでリズムづくり**／132

音素材を身近に感じよう！ **素敵な音を紹介しよう～音日記から**／134

スプーンやフォークの音を楽しもう！ **カトラリー・ミュージック**／136

１か所変えて自分のリズムをつくろう！ **ちょっとの変化でリズムづくり**／138

バケツを使ってリズムをたたこう！ **バケツでドラマー**／140

音の出し方や組み合わせ方を工夫しよう！ **リズム・パターンで音楽づくり**／142

拍にのって，音楽を楽しもう！ **「山の魔王」で Cups（カップス）あそび**／144

新聞紙から音色を生み出そう！ **サウンドクイズ**／146

聴いてあそぶ

リコーダーの頭部管を使おう！ **鳥になって**／148

弾いている音はどの楽器の音色かな？ **「カトカトーン」で音色当てクイズ**／150

聴こえてくる音楽と音図形の特徴を結び付けよう！ **「音図形」音楽当てクイズ**／152

和音の響きを味わおう！ **ポーズで和音**／154

拍子を聴き取ろう！ **何拍子かな**／156

音の上がり下がりを楽しもう！ **上がるかな？下がるかな？**／158

いろいろな音色で楽しもう！ **オノマトペを使ってあそぼう**／160

音楽を聴きながらボールゲームを楽しもう！ **ベルが鳴ったらボールを渡そう**／162

音楽と一体になって動こう！ **音になって動こう**／164

音楽に合わせてリズムを取ろう！**コップのリズムで「茶色の小びん」**／166

リトミックスカーフを使って旋律の動きを感じ取ろう！**スカーフリレー**／168

世界の国々の音楽に親しもう！**世界の音楽・国当てクイズ**／170

どんな曲を作曲したの？**作曲家まちがい探し**／172

タブレット端末であそぶ

何が聴こえてくるかな？**音を想像しよう**／174

クイズで楽しみながら日本の音楽のよさを味わおう！**日本の楽器や音楽当てクイズ**／176

Song Maker で編曲を楽しもう！**Song Maker で「かえるの合唱」をアレンジ**／178

クイズアプリで，記号や用語を覚えよう！**Kahoot! で音楽クイズ**／180

昔なつかし絵かき歌をしよう！**へのへのもへじ・かわいいコックさん**／182

作曲 AI を使って曲づくりを楽しもう！**CREEVO で作曲家になろう**／184

異学年とあそぶ

全校で旋律をつないで歌おう！**全校「きらきらぼし」**／186

隊形を工夫して互いに聴き手・歌い手になろう！**音楽集会 "お立ち台" で君が主役**／188

みんなの歌声を知ろう！**音楽集会～低・中・高の素敵な歌声**／190

内容別　短時間でパッとできる音楽あそび

- 学級活動であそぶ　012
- 体を動かしてあそぶ　050
- 楽器であそぶ　106
- 聴いてあそぶ　148
- 異学年とあそぶ　186
- 音楽ゲームであそぶ　026
- 歌であそぶ　086
- 音であそぶ・つくってあそぶ　124
- タブレット端末であそぶ　174

学級活動であそぶ

「おちゃらか」の基本的なあそび方をマスターしよう！
「おちゃらか」（その１）

 時間 10分　 準備物　●ピアノ・鍵盤楽器　※伴奏楽器がなくても可

「おちゃらか」のあそび方を理解して友達と楽しくあそぶ。

対象
低学年
中学年
高学年

1. ルールを理解する

今から「おちゃらか」というあそびをみんなに教えます。２人組になって向かい合います（１人の子どもが出てきて先生と向かい合わせになる）。まず，左手を自分の前に出します。そのとき手のひらを上に向けます。「おちゃ」で自分の右手で自分の左手を「トン」と軽くたたきます。次に「らか」で自分の右手で友達の左手を「パー」と軽くたたきます。続けてやってみましょう。「トン・パー　トン・パー」っていう感じです。歌いながらやってみましょう。

♪「おちゃ・らか　おちゃ・らか　おちゃ・らか……」
　（トン・パー　トン・パー　トン・パー……）
「おちゃ・らか」を３回やったら，「ホイ！」と続けます。そのときに友達とじゃんけんします。

　次は「おちゃ・らか　（勝ったよ）（負けたよ）（あいこで）おちゃ・らか・ホイ！」「おちゃ・らか　（勝ったよ）（負けたよ）（あいこで）おちゃ・らか・ホイ！」……とくり返します。

2. 練習をする

では，実際にやってみましょう。まずはやり方を覚えるために，先生の方を向いてエアーでやってみましょう。じゃんけんで先生に勝ったら勝ちのポーズ，負けたら負けのポーズ，あいこだったらあいこのポーズをしましょうね。

楽しい！　たくさん勝ったよ！

> **うまくいくコツ**
> 先生は大きな身振りで，ゆっくり歌いながら行う。

3. 友達と「おちゃらか」をする

ここからが本番です。友達と向かい合って2人組（3人組）になりましょう。先生の歌（先生の伴奏）をよく聴いて速さを合わせて「おちゃらか」をしましょう。

♪「おちゃ・らか　おちゃ・らか　おちゃ・らか　ホイ！」……

> ＼ ポイント ／
> 「おちゃらか」は，日本の伝統的なあそび歌（手合わせ歌）です。2人であそぶのが一般的ですが，3人であそぶとより楽しくなります。

（髙倉　弘光）

学級活動であそぶ

「おちゃらか」を発展しよう！①
「おちゃらか」（その２）

 時間　10分　　 準備物　●ピアノ・鍵盤楽器　※伴奏楽器がなくても可

「おちゃらか」をクラスみんなで楽しむ。

対象　低学年　中学年　高学年

1. ルールを理解する

「おちゃらか」は，普段は２人であそびます。でも，今日はもっと多い人数でそあそびましょう！

楽しみ〜！　どんなふうにしてあそぶのかな？

クラス全員が一斉に「おちゃらか」をやるのです。すると一人一人が先生とじゃんけんをすることになりますね。先生にじゃんけんで勝ったらそのポーズで。負けたりあいこになったりしたらそのポーズをします。

じゃあ，ポーズはバラバラになるんだね。でも，先生はみんな（一人一人）とじゃんけんしたら勝ったり負けたりするよね。どういうポーズをするの？

そうだね。では，先生はずっと勝っていることにしますね（笑）。

2. 全員で「おちゃらか」をする

では実際にやってみましょう。

> うまくいくコツ
> はじめは，椅子に座ってあそぶ。

♪「おちゃ・らか　おちゃ・らか　おちゃ・らか　ホイ！」……
「あれれ？　なかなか終わらないね」
「勝ち抜き戦にするのはどうかな？」
「え？　どうやってやるの？」
「はじめは，みんな立っていて『おちゃらか』をやる。そして先生に負けたら座るというルールでやるアイデアはどう？」

3. 勝ち抜き戦であそぶ

では，新しい「勝ち抜き戦」のルールであそびましょう。

♪「おちゃ・らか　おちゃ・らか　おちゃ・らか　ホイ！」……
「最後まで立っている人が優勝だね」
「負けて座った人も『おちゃらか』を続けると最後まで楽しいね」

> ＼ ポイント ／
> 「なかな終わらないね」の気づきから，あそび方ルール「負けたら座る」
> 「座っても最後まで続ける」を，子どもたちから引き出していきましょう。

（髙倉　弘光）

内容別　短時間でパッとできる音楽あそび

学級活動であそぶ

「おちゃらか」を発展しよう！②
「おちゃらか」（その３）

時間　10分

準備物　●ピアノ，鍵盤楽器　※伴奏楽器がなくても可

新しいルールの「おちゃらか」をクラスみんなで楽しむ。

対象
低学年
中学年
高学年

1. ルールを理解する

「おちゃらか」で，もっと楽しめるルールを考えましたよ。

楽しみ～！　どんなふうにしてあそぶのかな？

「おちゃらか」（その２）のように，全員立ってあそびを始めます。
そして，一人一人が先生とじゃんけんをします。
・じゃんけんで先生に負けたら座ります。
・座っても「おちゃらか」を続けます。
・座ってやっているときに，先生に「２回連続」じゃんけんで勝ったら立つこと（復活）ができます。
・復活してから，じゃんけんで負けたら再び座って「おちゃらか」を続けます。
・最後まで立っていた人が優勝です。

難しいルールだね。２回連続で勝たないと復活できないんだ！

先生，質問です。あいこだったら座らなくてもいいのですか？

その通りです。あいこだったらそのまま「おちゃらか」を続けます。

座ってあそんでいるときに，じゃんけんで1回勝って，次があいこでその次もあいこだったら復活していいのですか？

いいえ，それはだめです。2回連続と言いましたね。

2. 全員で「おちゃらか」をする

うまくいくコツ
はじめは，椅子に座ってあそぶ。

では，実際にやってみましょう。

♪「おちゃ・らか　おちゃ・らか　おちゃ・らか　ホイ！」……

3. 優勝者が決まったら……，あるいは終わらないときは……

〈優勝者が決まったら〉○○さんおめでとう！　今度は○○さんが先生役となって，もう一度「おちゃらか」であそびましょう。
〈終わらないときは〉♪「おちゃ・らか　ホイ！」……（あそびながら）次のじゃんけんで最後ですよ！　今立っている人が全員優勝です！

＼ ポイント ／

　今回は，先生の方からルールを提示しましたが，ここで紹介したルールは，実際に子どもたちがあそびながらつくり上げたものです。子どもの状況に応じて「ルールづくりを任せる」ことも意義ある活動です。

（髙倉　弘光）

学級活動であそぶ

友達の歌っているときの素敵な姿を見つけよう！
いい顔さがし

 時間 10分　 準備物 特になし

歌いながら，友達の「いい表情」「いい姿勢」を見つけることを通して，友達のよさをクラスで共有する。

対象
低学年
中学年
高学年

1.「いい表情」「いい姿勢」を共有する

輪になって朝の歌（今月の歌）を歌います。歌いながら，「笑顔が素敵だなぁ」「口がよく動いているなぁ」「姿勢がきれいだなぁ」という友達を見つけてください。1番を歌い終わったら，特に「いいな」と思った人の名前を1人だけ教えてください。

2. 輪になって歌う

教室いっぱいに一重の輪をつくりましょう。もしかしたら，自分が歌うのに集中して，見つけられないこともあるかもしれませんが，それはそれでいいです。先生も探しますね。

（心の中で）僕も名前を呼ばれたいな。

（歌いながら）あの子，すごく口が動いているな。

うまくいくコツ
声質や音程の正確さについては触れず，見た目でわかることに限定する。

3. 名前を伝える

（1番を歌い終わったところで）「いい顔」「いい姿勢」の友達を見つけた人は手を挙げてください。

Aさんの口がすごく動いていました。

Bさんは、ずっとよい姿勢で歌っていました。

そうでしたね。Cさんの歌っているときの笑顔も最高でしたよ。

4. もう一度歌う

「いい顔」「いい姿勢」の友達をたくさん見つけられましたね。では、もう一度歌ってみましょう。

＼ ポイント ／

朝の会や帰りの会など、学級で歌を歌うときにぜひ取り入れてください。歌声だけではなく、友達の「笑顔」「口の動き」「姿勢」のいいところを見つけることを通して、子ども同士の認め合いが促されます。

（笠原　壮史）

学級活動であそぶ

歌に合わせて自己紹介しよう！
「あなたのおなまえは」（インドネシア民謡）

 時間　10分　 準備物　●音源またはピアノ伴奏

ねらい

「呼びかけとこたえ（合いの手）」の仕組みを使って，歌に合わせて自分の名前を言う。

対象
低学年
中学年
高学年

1. 曲を知る

 今日ははじめての音楽の授業なので，音楽に合わせてみんなの名前を教えてもらおうと思います。まずは，先生が一度歌ってみますね。

「あなたのおなまえは」（インドネシア民謡）

 次は，××のところ（合いの手）で手拍子をします。
みんなも一緒にやってみましょう。
歌えそうな人は，一緒に歌ってくれると嬉しいです。

2. 合いの手の部分で, 自分の名前を言う

では, 全員で円になって座りましょう。
××のところで, 1人ずつ自分の名前を言っていきます。
3人ずつ進んでいくということですね。

リズムよく言いたいな。

うまくいくコツ
慣れるまでは, 4拍子にとらわれすぎず, ××の前後をフェルマータ気味に少し伸ばしてあげる。

3. 1人ずつ, 呼びかけとこたえを使って歌う（グループ活動が望ましい）

次は,「あなたのおなまえは」も1人ずつ歌ってみましょう。
Aさんが呼びかけたら, 隣のBさんが名前をこたえます。Bさんはすぐに隣のCさんに呼びかけます。
「あらすてきなおなまえね」は全員で歌いましょう。

4. 友達の名前を呼ぶ

さて, そろそろ（グループ）全員の友達の名前を覚えたかな。
今度は, みんなで友達の名前を1人ずつ呼んであげましょう。

みんなに自分の名前を呼んでもらえるって, 嬉しいな。

＼ **プラスα** ／

夏休み明けには,「な一つの思い出は……あらすてきな思い出ね」など, 時期に合わせた替え歌であそぶこともできます。

（納見 梢）

学級活動であそぶ

ピースとピースで楽しもう！

なかよし「かにさん」

| 時間 | 5分 | 準備物 | 特になし |

視覚的なあそびを通して集中力を高め，活動に前向きな気持ちを軸に，拍感やタイミングを合わせる力を，実感を伴って楽しく身に付ける。

対象
低学年
中学年
高学年

1. 視覚的な活動で動いてみよう！

みなさんー!!　今から先生が「かにさん」と「かにさん」の言葉に動きをつけるので，かにさん同士がすれ違ったら手拍子してくださいね。
※「かにさん」「かにさん」の言葉の動きとは，先生が右手，左手ともピースマークにし，ピースのまま両手を広げ，両手を一緒に内側に動かしてピースを重ねて交差する動きです。

2. 活動①　あそびながら手拍子の「タイミング」を合わせる

じゃあ，いきますよーー!!
（上記でやった視覚的な活動を何度かやってみる！）

パン!!　パン!!　パン!!

おっ!!　タイミングばっちりですねー!!

うまくいくコツ
少しフェイクを入れるなどして，楽しみながら活動してみる。

3. 活動② 拍感をつけてかにかにゲーム

まだまだ行きますよー!! ○ ○ ○ ！ ○ ○ ○ ！（○は，ピースが重なるところ）（3・3・7拍子のリズムに合わせると，子どもたちから笑顔がこぼれます。その際，先生が，休符で「ホイ！」などの合いの手を入れると，より盛り上がります）

パン！パン！パン！　パン！パン！パン！　パンパンパンパンパンパンパン！

（かにさんとかにさんを交互に素早く動かす）

パチパチパチパチパチパチーーーーーー

（ラストはあえて交差させずに終わると，子どもたちから「ワー」と笑顔がこぼれる）

＼ ポイント ／

楽しく活動することが大切です！　その中で，タイミングを合わせる心地よさ，拍感を感じる視点を入れることで，あそびがより充実してきます。

（岩井　智宏）

学級活動であそぶ

見えないものを感じる力を研ぎすまそう！
火の玉回しゲーム

 時間　10分　 準備物　特になし

「音楽以外の感じる力」を研ぎすませていくことによって，「音楽を感じる力」を研ぎすませていく。

対象
低学年
中学年
高学年

1. 全員で1つの円になり，友達の背中に手を当てる

 自分の左側のお友達の背中に手を当ててみましょう。まず，自分の背中の感覚に集中してみましょう。何を感じますか？

 手が当たっているところが温かく感じる。温かさが広がる。

 今度は，自分の手の方に集中してみます。どんな感じがしますか？

 ドクドク心臓の音を感じる！　血が流れているのを感じる！
（交代して，反対側の子に対して同様に行う）

 ○○さんを触ったとき，固い感じがする。△△さんは，セーターを着ているからザラザラに感じる。

> **うまくいくコツ**
> 静かに，手や背中に意識を集中させる。

2. 手をつないで、実際にないものをイメージして回す

（先生も円に加わり、全員で手をつなぐ）次は、実際に見えないものを想像して回します。先生のお腹にメラメラと燃える「火の玉」があります。それを回すから、自分のところに来たら隣の人に渡します。

わあ！　なんか面白い！！

3. 手をたたいて回す

次は、手をたたいて隣の人に回します。隣のお友達のたたいた音を聴いたら、すぐに自分も手をたたいて隣の人に回します。

上手に回しますね。次は、もう少し速く回してみましょう。

よし、最速で回すぞ！！

すごい！！　みんな、音に集中したから速く回せたんですね。

＼　ポイント　／

　手、背中の感覚、頭の中、耳…。様々な感覚を研ぎすませ、集中して取り組める活動です。
　何のためにこのような活動をするのか、話し合ってみましょう。

（菊池　康子）

音楽ゲームであそぶ

秒針の速さに合わせて1人ずつ手拍子で表現しよう！
ピッタリ○○秒に挑戦

 時間 **5分**　 準備物　●ストップウォッチ

全員で拍や速度を意識しながら，1人ずつ手拍子で表現する。

対象：低学年／中学年／高学年

1. 活動の説明をする

全員で1つの円になりましょう。なるべく間をあけないように，きれいな円をつくります。円になれたら，1人ずつ手拍子を打っていきます。

2. 1人ずつ手拍子を打つ

では，1人1拍ずつ手拍子を打っていきましょう。次のお友達を抜かしたりせずに，1人ずつ順番に打って行きますよ。
（実際に活動をする）

> **うまくいくコツ**
> 円での活動が難しい場合は，教室などの座席の順番で活動してもよい。

3. 秒針の速さに合わせて手拍子を打つ

次は，秒針の速さ合わせて，1人ずつ手拍子を打っていきましょう。秒針は，音楽の速度で表すとどのようになりますか？

秒針の速さは，60です。

 そうですね。このクラスは30人いるので，速度60で1人ずつ手拍子をすると，30秒で円を1周することになりますね。

 まずは，秒針に合わせて，全員で手拍子を打ってみましょう。
（実際に活動をする）

 速度60の速さは，どのような速さでしたか。

うまくいくコツ
速度60で手拍子を打つのは意外と難しいので，丁寧に活動を進める。

 思っていたよりも遅く感じました。

 一歩一歩ゆっくりと歩くような速さでした。

 それでは，秒針の速さの速度60で，1人ずつ手拍子を打っていきます。ピッタリ30秒で円が1周できるといいですね。
よーい，スタート！

＼ ポイント ／

子どもたちは，楽譜に示されている速度にあまり目を向けていないことがあります。このあそびで速度60を体感しておくと，例えば，速度が120になったときは，「この倍だ」と感じられるようになります。

（平野　次郎）

音楽ゲームであそぶ

「アルプス一万尺」にじゃんけんをまぜてみよう！
アルプスじゃんけん

 時間 5分　 準備物 特になし

拍感を保ちながら，「歌う」「手を動かす」「友達と合わせる」といった複合的な動作を楽しむ。

対象
低学年
中学年
高学年

1. 通常の「アルプス一万尺」を楽しむ

 いつもの「アルプス一万尺」（アメリカ民謡の手あそび）をします。お隣さんと向かい合いましょう。いろいろな速さでやってみますが，（真顔で）決して拍からずれてはいけません。

 速いと難しいけど楽しい。

 ゆっくりだと，逆に合わせにくくなるね。

うまくいくコツ
「拍」を意識させたいので，先生が拍を取り，みんなで揃えて取り組むとよい。

2.「アルプスじゃんけん」のルールを理解する

 「アルプス一万尺」にじゃんけんをまぜます。ルールは簡単です。先生が「じゃんけんぽん！」と言ったところで，じゃんけんをしてください。（真顔で）じゃんけんしても，決して拍からずれてはいけません。

（歌い出す）
アルプス一万尺　こやりの「じゃんけんぽん！」
アルペン踊りを　さあおど「じゃんけんぽん！」
ラーンラランラン　ランランランラン
ラーンラランラン「じゃんけんぽん」
ラーンラランラン　ランランランラン
ランランランラン　「じゃんけんぽん！」

（笑いながら）じゃんけんの「勝った」「負けた」で喜んだり悲しんだりして，拍からずれている人がいますねぇ。

そっか。そこもずれないようにするんだね。

それじゃあ，最後のじゃんけんで勝ち負けを決めることにしよう。

3. 相手を変えてくり返す

今度は，相手を変えてやってみましょう。

もっと速くしてやってみたいな。

＼ ポイント ／

「拍からずれない」ということを意識する活動です。じゃんけんの勝敗は，子どもにとってはとても大事ですよね。あそびの要素をうまく利用して，楽しみながら拍を感じ取る感覚を育てます。

（笠原　壮史）

音楽ゲームであそぶ

友達と一緒にゲーム感覚で拍子を楽しもう！
拍子に合わせてピタッと座ろう

 時間 15分　 準備物　●音源（例：「ロンドン橋」）

ねらい
友達と一緒に大きな円をつくり，拍子に合わせて順番に座っていくことで，ゲーム感覚で拍のまとまりを感じて楽しむ。

対象 低学年／中学年／高学年

1. ルールを理解する

 今から，「ロンドン橋」（イギリス民謡，高田三九三日本語詞）の音楽に合わせて，順番に座っていきます。最後のところで座った人は，橋から落ちてしまった人なので，円の真ん中に移動しましょう。

2. 歌いながら，途中までやってみる（2拍子の強拍（1拍目）で座っていく）

 先生が歌うので，それに合わせて座ってみましょう。先生が合図を送るので，一緒に確認しながらやってみますよ。

 タイミングが難しいな……。

 みんなで「1，2，1，2」と言いながらやると，わかりやすいんじゃないかな。

030

3. もっと楽しくなるアイデアを共有する

楽しかったですね。「こうするともっと楽しいよ」ってアイデアのあるお友達はいますか？

みんなで拍に合わせて体をゆらしたらどうかな。

うまくいくコツ
はじめのうちは，先生は円の真ん中で，子どもたちに合図を送る。慣れてきたら自然に子どもだけに委ねていく。

順番がまだ来ない人は，拍に合わせて手を打ってみたらどうかな。

4. 友達のアイデアも取り入れて，もう一度あそぶ

みんなが同じように拍を感じると，さらに楽しくなりますね。ではもう一度みんなでやってみましょう。

お友達がわかりやすいように，大きな動きで座りたいな。

拍に合わせて手を打ったら，もっと盛り上がりそうだな。

音楽をよく聴いて，拍子を感じながら楽しくあそぶことができましたね。

＼ プラスα ／

拍子や曲を変えてもあそぶことができます。円の真ん中に行くのは，どのタイミングで座った人なのかを子どもたちと相談し，その曲の「切りのいいところ」はどこかを考えることもできます。

（遠山　里穂）

音楽ゲームであそぶ

声当てクイズをしよう！
誰の声かな

時間　10分

準備物　●ホワイトボードなど子どもの姿を隠せるもの

ねらい

様々な声の出し方を試したり聴いたりして，一人一人の声の違いや，その面白さを感じ取る。

対象
低学年
中学年
高学年

1. あそび方を知る

今日は声当てクイズをします。
3〜4人の友達がホワイトボードの後ろに隠れて，順番に声を出すのを皆さんが聴いて，どういう順番だったかを当てるクイズです。

（Aさん，Bさん，Cさん，Dさんの順に「あ」と声を出す）
うーん，迷うなあ。もう少し長めの声でお願いします！

（同じ順で，「あー」と長めに声を出す）今度はわかったぞ！

では，声を出した順に登場します。1人目！ ジャジャーン！
もう一度さっきの声を出してみて，みんなで確かめてみましょう。

2.様々な声の出し方を試す

では，自分がどんな声を出せるか試してみましょう。

友達に当てられないように，グループ4人で似た声を出そうね。

鼻をつまむと面白い声が出るよ。

うまくいくコツ
「お題」つきになると，話し方などの特徴が出やすいため，子どもの実態に合わせて，活動の順を入れ替えても構わない。

3.「お題」つきであそぶ

今度は，「お題」を決めて，少し長い台詞を言ってみましょう。
例えば，キャラクターの声，有名な台詞などが考えられます。

僕たちのグループは，ミンミンゼミの鳴き声でやってみよう。

私たちは，「フレー！ フレー！ 赤組！」にしようよ。

＼ プラスα ／

　ICTを活用し，各自で録音したものを先生が集約してクイズにすると，家庭学習やバスレクでも楽しめます。
　録音によって，自分の声が普段とは違う感じに聴こえるので，子どもたちは「本当の自分の声」に驚くかもしれません。

（納見　梢）

音楽ゲームであそぶ

拍にのって伝え合おう！
なにがすき？リレー

時間　3分

準備物
- 拍を鳴らす楽器や音源（タブレット端末やPC）
- ルーレット（アプリなど）

拍に言葉をのせて，好きなものを伝え合う活動を通して，楽しみながら拍感や拍子感を身に付ける。

対象
低学年
中学年
高学年

1. ルールを理解する

先生が打つ拍（ウッドブロックやリズム音源を使う）に合わせて，タンタンタンウン（♩♩♩𝄽）のリズムをたたきながら，「なにがすき？」と聴いてみましょう。自分の番がきたら，好きな果物を教えてください。ルールは，1・2・3・4，の4拍の中に言葉を入れること。「ばなな」だと，♩♩♩𝄽になりますね。「さくらんぼ」だと，♫♫♩𝄽ですね。「もも」だったら？

♩♩𝄽（もーもウン）に なるね。やってみたい！

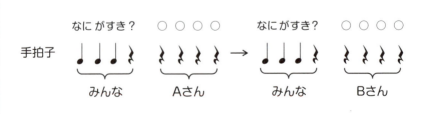

2. 練習を兼ねて1回行う

4つの拍の中に入れて，こたえられたよ！

> **うまくいくコツ**
> 全員がついてこれるように，ゆっくりしたスピードで行う。

3. 好きな○○を答える

では，ここからは，ルーレットでお題を決めます。どんなお題が出るでしょうか？

わ～，好きな「曲」になった！

みんな，お題が変わっても4拍の中で上手に答えられましたね。

友達の好きなものも聴けて，楽しかったよ。

さて，次回はどんなお題が出るでしょうか？ 楽しみですね！

＼ ポイント＆プラスα ／

　ルーレットに関しては，アプリ（無料のものや，ウェブ上で使えるものなど，たくさんあります）を使ってお題を決めることで，わくわく感を演出します。お題は子どもたちからも募集することで，より当事者意識をもたせることができるでしょう。

　慣れてきたら，速度を速くしたり，拍子を3拍子などに変えたりして行うことで，多様な拍や拍子を感じ取ることができます。

（北川　真里菜）

音楽ゲームであそぶ

拍に合わせてリズムあそびを楽しもう！
リズム仲間を見つけよう

時間 5分

準備物 特になし

拍に合わせてリズムを打つことに親しんだり，仲間づくりで友達と交流したりする。

対象：低学年／中学年／高学年

1. リズムパターンを用意し，確認する

今からいくつかのリズムを書きます。それぞれのリズムを，一緒に打ってみましょう。
（以下，同様に3～4つくらい示す）

リズムパターン例（4／4拍子）

①	｜（タン）	｜（タン）	｜（タン）	●（ウン）
②	｜（タン）	⊓（タタ）	｜（タン）	●（ウン）
③	●（ウン）	｜（タン）	●（ウン）	⊓（タタ）

2. リズムパターンに親しむ

3つのうち，1つ選んでください。①を選んだ人，打ちます。

（タン タン タン ・）

ぴったり揃っています！　次，②を選んだ人，打ちます。

（タン タタ タン ・）

②もOKですね。次，③の人！

> **うまくいくコツ**
> 先生は，打楽器等でテンポを保ったり，1拍目を示したりする。

（・タン ・タタ）

③番は難しいリズムだけど，頑張りましたね。では，さっきとは違うリズムを選びましょう。（以下，同様に数回試す）

3. 同じリズムを打つ仲間を見つける

今度は，今選んでいるリズムを一斉に打ちます！　そのとき，周りをよく見てください。自分と同じリズムを打っている友達がいたら，その友達のところに近づきましょう。

> **うまくいくコツ**
> 拍にのって楽しむことが目的なので，友達を見ながらリズムを変えたり間違えたりすることも温かく受け入れながら，楽しい雰囲気で取り組む。

仲間が見つかった人は座りましょう。本当に仲間か確かめてみます。ここのグループ，リズムを打ちましょう。仲間が見つかりましたね！

＼ プラスα ／
最初のリズムは，子どもが考えてもよいと思います。
小物打楽器を使って，いろいろな楽器の音色を楽しむこともできます。

（和智　宏樹）

音楽ゲームであそぶ

歌いながら歩きながら楽しもう！
歌いながらじゃんけん列車

 時間 8分　 準備物 特になし

歌いながら拍にのって歩いたり，じゃんけんのタイミングを合わせたりして，みんなで楽しくリズムを共有できるようにする。

対象
低学年
中学年
高学年

1. ルールを理解する

「じゃんけん列車」をしましょう。「かもつれっしゃ」（山川啓介作詞／若松正司作曲）を歌いながら，歩きます。1番が終わったところでじゃんけんをして，負けた人が勝った人の後ろにまわり，両肩に手を掛けてつながります。どんどん列車が長くなりますよ。

2. 準備の活動をする

では，まず「かもつれっしゃ」を歌いながら，足踏みしましょう。腕を交互に動かしても楽しいです。

足踏みしながら向きを変えると楽しい！

早く「じゃんけん列車」をしたくなりました。

うまくいくコツ
貨物列車をイメージして音楽に合わせて足踏みする。

3.「じゃんけん列車」をして遊ぶ

では，ここからが「じゃんけん列車」の本番です。いろいろな場所に広がりましょう！　ミュージック・スタート！（「かもつれっしゃ」を先生が率先して歌う）

（1番を歌った後）3人になりました。3人でじゃんけんしてもよいですか？

もちろん，よいですよ。

4.全員がつながる

みんなの気持ちがひとつになって，全員がつながりました。今日は〇〇さん列車になりました（拍手）。楽しかったですね。また「じゃんけん列車」であそびましょう。

\ ポイント /

貨物列車が走る様子をイメージしながら，音楽に合わせて歩くことで，みんなで音楽を楽しむ基礎である拍やリズムを共有する力がつきます。

（酒井　美恵子）

音楽ゲームであそぶ

歌って動いてみんな仲良し！
「かたつむり」になってみんなであそぼう

 時間　8分　 準備物　特になし

ねらい

歌いながら，かたつむりになりきって拍にのって歩き，休符のタイミングで友達と手合わせして楽しむ。

対象
低学年
中学年
高学年

1. かたつむりで「拍」は止まらない！

 みんな「かたつむり」が歌えるようになってきましたね。今度は音楽（拍）に合わせて手拍子しながら歌えますか？　やってみましょう！

 ♪でんでんむしむし　かたつむり○

 あれ？　最後のところ，歌がないのに手拍子したのはなぜですか？

 それは「ウン」だよ！

 うまくいくコツ
子どもの動きから小さな「不思議」を探して発問するようにする。

 そっかー！　拍は，休みでも止まらないんですね。
じゃあ，そのお休みのところだけ，近くの友達とタッチしましょう。
※全部で3回あります。

2. 拍打ちからリズム打ちに発展

「ウン」（お休み）も大切なリズムだね。今度は全部，歌のリズムで打てますかな？
※リズム打ちができるようになったら，今度は友達と手合わせでリズムを打っていきます。

じゃあ，リズム打ちができるようになったから，「ウン」のところだけ，お友達とポーズを考えてみましょう。

つのつくろー！　ピ───スもいいかも！

3.「かたつむりで」でみんななかよし

ところで，この曲って，どうして少しゆったりなんでしょうね？

先生，かたつむりってゆっくり動くんだよ！

そっかー！　じゃあ，最後はしっかりとかたつむりになりきって，拍に合わせて動いて，「ウン」の部分で出会った人とタッチです！

> ＼ ポイント ／
> ここでは，拍・リズムを使って楽しくあそんでいきましょう！
> 楽しさの中に「音楽に合わせる」といった視点を大切にしましょう。

（岩井　智宏）

音楽ゲームであそぶ

リコーダーの音を即興的に吹いて音の重なりを楽しもう！
指揮者の合図で音を重ねよう

時間 10分

準備物　●リコーダー

ねらい
指揮者の合図をよく見て，自分の担当する和音の1音を演奏し，音の重なりを味わう。

対象：低学年／中学年／高学年

1. ルールを理解する

　4人1グループになります。1人は3人の真ん中で指揮者の役割をします。3人は，和音（ド・ミ・ソ）を1人ずつ担当します。重なるとどのような響きになるでしょうか。
　指揮者は，演奏してほしい人に，合図を送ります。指揮者が止める合図をするまで，リコーダーで音を鳴らし続けてください。

2. 準備の活動をする

　では，4人グループになって，指揮者とリコーダーの演奏者を決めましょう。3人の演奏者は，和音（ド・ミ・ソ）を誰が担当するか決めてください。

じゃぁ，私が指揮者をやってみるね。

3. 指揮者の合図で音を重ねる

では、一度練習をしてみましょう。和音（ド・ミ・ソ）を吹く演奏者は、音を出してみましょう。

（リコーダーで演奏〜♪）　こんな響きがするんだね。

各グループの指揮者の合図をよく見て、和音を重ねていきましょう。演奏者は、合図を送る指揮者をよく見てくださいね。では、どうぞ。

最後に、指揮者の手の動きをよく見て、手を挙げたら強く、下げたら弱くして、強弱を変えてみましょう。

（リコーダーで演奏〜♪）　指揮者の合図が重要なんだね。

＼ プラスα ／

ハ長調のⅠ（ド・ミ・ソ）の他に、Ⅳ（ファ・ラ・ド）、Ⅴ（ソ・シ・レ）などの和音に変えてもよいです。この3和音が重ねられると、「こきょうの人々」などの伴奏に活用できます。

（十倍　愛）

音楽ゲームであそぶ

音を聴いて，誰の名前か当てっこしよう！
名前当て旋律あそび

 時間 3分　 準備物 ●鍵盤ハーモニカ（先生用）

名前のイントネーションや音数をヒントにした旋律を聴きながら，注意深く聴く態度や音の上がり下がりを聴取する力を育てる。

対象：低学年／中学年／高学年

1. ルールを理解する

これから，鍵盤ハーモニカのソとラを使って友達の名前を呼んでいきます。例えば，「たなか　たろう　さん」だったら？

となりますね。例えば，「たかはし　はなこ　さん」だったら？

となりますね。それでは，これから吹く友達は，クラスの誰かな？名前の文字数やイントネーション，音の上がり下がりをヒントにしながら聴きましょう。先生が吹きながら，その友達のところに，近づいていきますよ。

2. 名前当て旋律あそびを楽しむ

では，1人目です。先生が演奏しながら，だんだん，正解の人に近づいていきますよ？

あ！ わかってきました。〇〇〇さんだと思います。

そうですね。〇〇〇さんでした。では2人目は…？

3. 活動を振り返る

活動を振り返ります。音の上がり下がりを工夫すると，名前を呼んでいるみたいに聴こえることがわかりました。活動が楽しかった人は，どんなところが楽しかったですか？ また，自分の名前や友達の名前を自分で演奏して呼んでみたいと思った人はいますか？

＼ ポイント ／

範奏する際には，拍子や速さを一定に保つことにこだわることなく，名前を呼ぶように範奏するとよいでしょう。

（松長　誠）

音楽ゲームであそぶ

曲名を当てよう！
私は誰でしょう

 時間　5分　　 準備物　特になし（曲の情報カード，ボックスなどがあってもよい）

曲の情報から，何の曲を指すかを推理する活動を通して，楽しみながら音楽の構造に親しむ。

対象
低学年
中学年
高学年

1. ルールを理解する

（ボックスから曲名が書いてあるカードを1枚引いて）この曲は，これまで演奏してきた ①「かえるの歌」，②「かっこう」，③「きらきら星」のうち，どの曲についての説明か，わかったら教えてください。私は，ド・レ・ミ・ファ・ソの音を使って演奏することができます。

あれ？　かえるの歌は，ラも使うんじゃない？

私は，3拍子です。

わかった！「かっこう」だ！

うまくいくコツ
このように選択肢を提示すること，他にも，「教科書の中の曲」や「歌集の中の曲」など，該当曲を限定することで，正答率が上がり，誰もが楽しめる。

正解！　私は「かっこう」でした。

面白い！　拍子でわかったよ。もっと難しい問題を出して。

046

2. 子どもたち同士でクイズを行う

 先生のように、ボックスの中からカードを引いて、問題を出したい人はいますか？

 はーい！ やりたい！

 第2問を始めます。私は、四分音符と四分休符だけでできています。

 えっ、楽譜を見てみよう！ 「かえるの歌」かな!?

＼ ポイント＆プラスα ／

準備物はなしでも行えますが、題名とその情報を書いたカードを入れたボックスなどを用意しておくと、より盛り上がります。

さらに、今度は子どもたち自身がカードの情報を書き、ボックスに入れることで、その曲の拍子や速度、旋律の特徴など、音楽の構造により親しむことができます。

（北川　真里菜）

音楽ゲームであそぶ

耳をすませて音を聴こう！
「おにさんこちら」（わらべうた）

 10分　時間

 準備物　●手に持って移動できる楽器（小物打楽器，リコーダーなど）

ねらい

目をつむって，耳をすませて音をよく聴き，ねらいとなる音がする方に移動して楽しむ。

対象
低学年
中学年
高学年

1. 曲を知る

みなさん，この曲を知っていますか。
全員で，何度かくり返して歌ってみましょう。

お に さん こ ちら　 て の な る ほ う へ

目隠し鬼のあそびだね。

2. ルールを知ってあそぶ

まず，ペアを組みます。ペアの一方は真ん中に集まって，集まった全員で外向きに円をつくって目をつむります。もう一方は，円から少し離れたところで，好きな場所に移動します。

ペアの外側の人は，内側にいる相手の名前を呼びながら「○○さんこちら，手の鳴る方へ」と歌ってあげます。内側の人は，外側にいるペアの声を頼りに移動しましょう。

何回で自分のペアの友達のところへ行けるかな。

大きな声で呼んでね。

3. 楽器を使ってあそぶ

うまくいくコツ
楽器を使う場合，似た素材の違う楽器にすると難易度が上がります。同じ楽器にしてしまうと，ペアのところへ行けなくなってしまうので注意。

今度は，歌のかわりに楽器を使ってみましょう。

僕はウッドブロックを鳴らすよ。この音だよ。

私はリコーダーで演奏するね。

\ ポイント /

10ペア程度の人数がちょうどよいです。目をつむる代わりにアイマスク等を用いてもいいですが，広いスペースを取ったり「歩いて移動する」などの約束事を決めたりして，必ず安全面への配慮と指導を行います。

（納見　梢）

体を動かしてあそぶ

ペアで歌いながらリレーしよう！
帰ってきてねゲーム

時間 10分

準備物 ●範唱音源（音源を使用せずにアカペラでもよい）

歌いながら歩き，フレーズの終わりで元の場所に戻ってくる活動を通して，旋律の動きや強弱を感じ取る。

対象
低学年
中学年

1. ルールを理解する

「かたつむり」（共通教材）で「帰ってきてねゲーム」をします。まず，お隣さんとじゃんけんし，「でんでんむしむしかたつむり」を歌う人と「おまえのあたまはどこにある」を歌う人に分かれます。「つのだせ　やりだせ　あたまだせ」のところは2人で歌います。歌う人は，自分の席から前の方に向かって歩いていって，歌い終わるまでに戻ってきてください。そして「かたつむり」の「り」で，お隣さんにタッチします。タッチされたら，同じように歌いながら歩いていき，「どこにある」の「る」で自分の席に戻ります。ちゃんと戻ってこれたら，2人で一緒に「つのだせ　やりだせ」と歌います。

〇〇さん，ちゃんと帰ってきてね！

うまくいくコツ
タッチするタイミングを，フレーズ終わりの「文字」で示すとわかりやすい。

では，お隣さんとじゃんけんして，どちらが先に出発するのかを決めてください。決まったらスタートです。1，2，3，はい！

2. うまく戻ってくるためのコツを共有する

あれ？ 戻ってこられた人と戻ってこられなかった人がいますね。どうしたらタイミングよく戻ってこられますか？

自分が歌う場所のちょうど真ん中（フレーズの真ん中）で戻り始めると，戻ってこられます。

3. 再度チャレンジする

今度はしっかり戻ってきてタッチできるでしょうか？ ペアの方に「ちゃんと帰ってきてね」とお願いしましょう。

今度はちゃんと帰ってきてね！

＼ ポイント ／

　フレーズの変化を，楽しみながら体と頭の両方で理解することができます。サビのところではみんな一緒に歌うことになるので，曲の盛り上がりがはっきりと表現されます。
　「かたつむり」以外でも，いろいろな曲で楽しむことができます。

（笠原　壮史）

体を動かしてあそぶ

授業の前に体も心も準備体操！
フラワービートとボディパーカッション

 時間　5分　 準備物　●YouTube が視聴できる端末と接続する大型テレビなど

YouTube の動画に合わせてボディパーカッションを楽しみ，音楽授業のための雰囲気づくりをする。

対象
低学年
中学年
高学年

1. YouTube上の該当映像を視聴する（右頁2次元コード）

 今から，フラワービートのみなさんと○○○（曲名）のボディパーカッションをします。まずはメンバーのみなさんによる見本映像を流しますので，手や足の動きをよく見てください。

2. 動画に合わせボディパーカッションを楽しむ（通常速度）

 メンバーのみなさんの動きをよく見て，リズムをまねしながら一緒にやってみましょう！　全員，立ちましょう！

 簡単！　すぐにできたよ！

 少しリズムが難しいところもあるけど，かっこいい！

3. YouTubeの再生速度を1.25倍にして視聴する

え？ 簡単でしたか？ よし，ではこれならどうですか。
「速いバージョン」行ってみましょう！

忙しいけど，面白い！ でも，この速さでもできるよ。

4．YouTubeの再生速度を1.5倍にして視聴する

お，頑張って速さについてきましたね。それでは限界に挑戦！
「スーパー速いバージョン」行ってみましょう！

わーっ，この速さはついていくのが大変！

結構間違えちゃった。でも面白かったよ！

みんな体が温まってきたね。では，今日も授業頑張りましょう！

フラワービート YouTube

＼ プラスα ／

　逆にYouTubeの再生速度を「0.75」や「0.5」にして，スローモーションにして取り組むのも楽しいです。

（小梨　貴弘）

体を動かしてあそぶ

友達のつくったリズムを楽しもう！
つなごう！即興リズムリレー

 時間　10分　 準備物　●ウッドブロックなど拍を刻めるもの

その場でリズムを考えたり，友達のリズムをまねしたりすることを通して，いろいろなリズムを楽しんだり，仲間と一体感を味わったりする。

対象：低学年／中学年／高学年

1. ルールを理解する

　今から，先生が4拍分のリズムを打ちます。
　みなさんは，後に続いてまねっこしてください。

2. 先生役を交代しながら行う

　今度は，先生役をみなさんにやってもらいます。
　Aさん→みんな→Bさん→みんな→Cさん…と続けて最後までやってみましょう。先生がウッドブロックで拍を打つので，それに合わせて，リズムを打ちましょう。

　タイミングがわからなくて，入れなかった。

うまくいくコツ
即興の活動の際は，失敗しても大丈夫な環境をつくることが大切。

　大丈夫ですよ。では，ここからもう一度スタートしましょう。
　先生が4拍打つので，その後に自分のリズムを打ってください。

3. 面白かったリズムについて共有する

 お友達のリズムで，面白いなと思ったものはありましたか？
（または，子どもの反応がよかった場面を取り上げて）何が面白かったのですか？

 4拍休符で，ずっと休んでいるのが面白いと思ったよ。

 膝や足で音を出すと，音が変わって楽しかったよ。

4. 反対周りでリレーを行う

 今度は，反対周りでやってみましょう。手以外のところで音を出してみても面白いですね。

 休符を間に入れてみたら，面白くできそうだな。

 最後の人が終わったら，みんなで揃ってかけ声をかけよう！

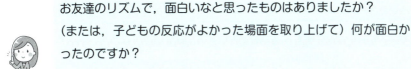 4拍の中で，いろいろなリズムがつくれて楽しかったですね。最後はぴったり揃って気持ちよかったですね。

＼ ポイント ／

子どもは，面白いことをどんどん思いついてやろうとします。先生が一緒に面白がることで，さらに発想を促していくのがポイントです。また，ルールを丁寧に確認し，安心して活動に臨めるようにしましょう。

（遠山　里穂）

体を動かしてあそぶ

仲間と手あそびで盛り上がろう！
「セブンステップス」（アメリカのあそび歌）

 時間 5分　 準備物　●音源またはピアノ伴奏

聴いたり歌ったりしながら，リズムや休符に合わせてハイタッチしたり声を出したりして，場を盛り上げながら楽しむ。

対象
低学年
中学年
高学年

1. 曲を知る

 数が出てくる歌です。1から，いくつまで出てきますか。

 1〜3までのところと，1〜7までのところがあるね。

 英語バージョンもあります。挑戦できそうなら歌ってみましょう。

2. 1人であそぶ

 では，歌に合わせて手拍子をしてみましょう。四分休符はグーにします。

 次に，四分休符のところだけ手拍子をしてみましょう。

 こっちの方が難しいね。

うまくいくコツ
視覚的にわかりやすくするために，リズム譜を提示してもよい。

056

3. 友達とあそぶ

2人組をつくります。今度は、歌のところは自分で手拍子、四分休符のところは友達とハイタッチをしますよ。そのときに、「ヘイ」や「フー」などの声を出して、盛り上がりましょう！

3人組でもいいですか。

もちろんいいですよ。（慣れてきたら、だんだん人数を増やす）

人数が増えると、声も大きくなって盛り上がるね。

では、次に、ペアの友達とハイタッチしたら、別の友達のところへ行ってハイタッチしましょう。
1曲の間に、何人の友達とハイタッチできるでしょうか。

> ＼ プラスα ／
> 学級全体で円になって座り、四分休符のところで全員で両手を上げたり、1人ずつポーズを決めたりするのも楽しいです。活動に慣れてきたら速度を変化させてみましょう。

（納見　梢）

体を動かしてあそぶ

童謡に出てくる動物になって歩こう！
歌いながら動物になろう

 15分 時間　 準備物　●象や馬のイラスト

ねらい

歌いながら童謡の曲想に合わせて歩く活動を通して、曲の感じを体で表現したり、言葉で表現したりして楽しむ。

対象
低学年
中学年
高学年

1.「おうま」「ぞうさん」を歌う

 みんなのよく知っている「ぞうさん」（まど・みちお作詞／團伊玖磨作曲）を歌いましょう（象のイラストを掲示する）。さぁ、今度はこの動物です（馬のイラストを掲示する）。「おうま」（林柳波作詞／松島つね作曲）を歌いましょう。

2.それぞれの曲想に合わせて歩く

 では、「ぞうさん」を歌いながら、象さんになって歩いてみましょう。

 腕を、ぞうさんの鼻みたいに動かすよ！

 次は、「おうま」さんです。お馬さんはどんな風に歩きますか？

3. それぞれの曲想を言葉で言い表す

「ぞうさん」と「おうま」さんでは、歩き方が違いましたね。それは、どうしてですか？

「ぞうさん」は、音楽がゆったりとしていて、のしのしと歩きたくなりました。

「おうま」さんは、音楽がはねている感じがしたから、足を蹴りあげたくなったよ。

そうですね。「ぞうさん」はゆったりとした音楽、「おうま」さんははねる音楽でしたね。このように、曲によって感じ方が違うのですね。

＼ ポイント ／

それぞれの動物の様子をイメージしながら、音楽に合わせて歩くことで、曲想を感じ取って表現する力が身に付いていきます。

（髙橋　詩穂）

　　　　　　体を動かしてあそぶ

わらべうたを楽しもう！
わらべうたあそび

 時間　15分
 準備物　●楽器（ピアノや小物打楽器）

※わらべうたを指導する時間は省く。

ねらい
わらべうたを歌ってあそぶことを通して，わらべうたの旋律の動きに親しみ，友達と拍を共有する楽しさを味わう。

対象　低学年　中学年　高学年

1. いろいろなわらべうたを指導する

わらべうたであそびましょう。「おちゃらかほい」を知っていますか？　お友達と，お手合わせをしてあそびます。
「なべなべそこぬけ」は，お友達と手をつないで，つないだ手をゆらし，最後に，手をかえして背中合わせになります。上手にできるでしょうか。

うまくいくコツ
その他にも，様々な郷土のわらべうたを取り入れるとよい。全国的に知られている「なべなべそこぬけ」だが，それぞれの地域に伝承されている節回しがある。

2. わらべうたあそびのルールを知る

まず，先生のピアノ（または小物打楽器）に合わせて歩きます。音楽が止まって，音が2つ鳴ったら2人組，3つ鳴ったら3人組になってくださいね。そして，一緒になったお友達とわらべうたであそびます。

さぁ、音楽をよく聴きましょう。ジャン，ジャン（ピアノや小物打楽器を鳴らして）。今，いくつ音が鳴りましたか？

2つ！　2人組。

うまくいくコツ
2つ，3つ，4つ，5つと，鳴らす音を増やしていくと，わらべうたあそびの難易度も上がる。

3. わらべうたであそぶ

それでは，わらべうたあそびをしましょう。

「おちゃらかほい」で，上手に友達とお手合わせができたよ。

「なべなべそこぬけ」は，人数が多くなると，なかなかくぐりぬけられないけれど，楽しいな。

もっとやりたーい！

＼ ポイント ／

音楽に合わせて歩いたり，友達と一緒にわらべうたであそんだりすることによって，みんなで音楽を楽しむための基礎となる「拍やリズムを共有する力」が身に付きます。

（髙橋　詩穂）

体を動かしてあそぶ

聴いて体を動かそう！
高い音低い音

時間 **3分**

準備物
● 鍵盤楽器
●（鍵盤を映す）大型モニタなど

ねらい
体を動かしながら音を聴き分ける活動を通して，楽しみながら音高に関する感覚を養う。

対象
低学年
中学年
高学年

1. 真ん中の音を聴く

うまくいくコツ
音高を聴き分けられない子がいることを想定し，視覚的な支援を行う。

（ピアノの鍵盤をモニターなどで映す）
これはピアノの鍵盤です。鍵盤のちょうど真ん中のあたり，ドの音を弾きます。聴こえたら，手をお腹のあたりに上げてくださいね。

聴こえた！（手をお腹の高さに上げる）

低い

真ん中

高い

2. 高い音や低い音を聴く

手を使ってしっかり反応することができましたね。次は，鍵盤の右側，高い音を鳴らします。聴こえたら，手を高く上に上げましょう。

とても高い音が聴こえたから，ジャンプしたよ！

しっかり音の高さを聴けていますね。次は，高い音が鳴るか，低い音か，真ん中か…わかりません。しっかり音に耳をかたむけて，手の高さで表してくださいね。（音を弾く）

これは低い音だ！ しゃがもう。

手だけでなく，しゃがむなど体全体で音の高さを聴けていますね！

3. 子どもたち同士で問題を出し合う

では，先生役になって鍵盤を押してくれる人，いますか？

はーい！

＼ ポイント＆プラスα ／

慣れてきたら，鍵盤を映したモニターを消し，聴覚だけで音高を聴き取れるようにします。

このような活動を発展させ，簡単な旋律に合わせて体を動かしたり，音楽を体の動きで表現したりする活動へとつなげていきます。

（北川　真里菜）

体を動かしてあそぶ

全員がリズムで1つになる！
クイーン風インスタント・ボディパ・アンサンブル

時間　5分

準備物　●メトロノーム（無くても可）

ねらい
4つのリズムパートに分かれてボディパーカッション・アンサンブルを行い，リズムのずれや重なりを感じながら雰囲気を味わう。

対象：低学年／中学年／高学年

1. 学級を4つのグループ（1，2，3，4）に分け，各部分のリズムパターンを練習する

今から4つのグループに分かれて，ボディパーカッションをします（右2次元コードの楽譜を配布）。まず，各部分のリズムパターンを覚えましょう。

「簡単！ボディパーカッション・アンサンブル」
八木成隆作曲
ユーザー名：360421
PW：body

2番目に出てくるリズムパターン（ドッパッドドパッ）がクイーンみたいでかっこいい！

「タタ」のリズムが1→2→3→4とずれて演奏するのが面白いね。

「ドパドパドパドパ」は手と足が交互だから忙しいね。

最後のリズムパターン（ッパパッパパッパ）は盛り上がるけど，足と手のリズムが分かれていて難しい！　慣ればできるかな？

2. 全員でボディパーカッション・アンサンブルを楽しむ（通常速度）

では，すべてのリズムパターンを続けて演奏してみましょう。先生の「ワンツースリーフォー！」の合図でスタートしましょう。

全員の一体感があって，とても楽しいな。

最後に ff（フォルテシモ）になって，終わりの四分音符が「パンッ！」と揃うと，とてもかっこいいね！

3. 全員でボディパーカッション・アンサンブルを楽しむ（速い速度）

できましたか？ ではもう少し速くしてもできますか？ 試してみましょう。ワンツースリーフォー！

忙しいけど面白い！ ピタッと合うとスカッとするね！

宿泊学習のレクリエーションのときに，学年全員でやってみたいな！

＼ プラスα ／

学年集会や音楽集会等で，全体を4つのリズムグループに分けて行うと，さらに迫力のある演奏になります。

（小梨　貴弘）

体を動かしてあそぶ

体を動かしながら民謡の特徴を感じ取ろう！
「こきりこ」を踊ろう

 時間 12分 準備物
● 授業支援DVD（教育芸術社）または同様の動画
● 楽器（こきりこ，びんざさら等があれば使用）

「こきりこ」の踊りを模倣し，体を動かしながら歌うことを通して，民謡の特徴に気づく。

対象：中学年

1. 「こきりこ」の動画を視聴し，民謡への興味をもつ

 今から富山県民謡「こきりこ」を鑑賞します。見よう見まねでよいので，動きをまねしてみましょう。

2. 動きに慣れてきたら，歌も入れる

 手の動きが音楽に合ってきていいですね。歌も歌ってみましょう。
（動画を見ながら動きのみをまねをすることから始め，その後子どもの様子を見ながら歌の活動へ移行する）

 「こ〜きりこの　たけは　しちすんごぶじゃ」

 「はれのさんさも　デデレコデン」

うまくいくコツ
先生が斜め前に立ち，歌いながら踊りをリードする。

3. 歌も入れて，最初から通して踊る

では，始めから通してみましょう。歌も歌ってみましょう。

動きをまねしながら歌えるようになりましたね。
朝の会や授業でみなさんが歌っている歌と「こきりこ」では，どんなところが違いましたか？

声がよくのびていたね。

あとは，声がふるえたり，ゆれていたりするところがあったよ。

声の出し方に特徴がありそうですね。では，この後ワークシートにまとめていきましょう。

＼ プラスα ／

　発展学習として，学級全体で歌い手，楽器，踊り手と役割を分け，音楽に合わせて歌ったり，踊ったりして「こきりこ」の音楽のよさを見いだしていきます。「しで」（こきりこの竹の両端に和紙をつけたもの）を画用紙や紙テープで手作りして，踊り手の子どもが踊ると，子どもの動きにさらに感じ取った特徴が表れてきて楽しく活動できます。
　子どもは初めて聴く「こきりこ」の音楽に興味をもって動きをまねすることで，次第に歌い方の特徴に気づいていきます。さらに楽器についても興味を示す子どももいるので，踊りをきっかけとして，民謡の世界に子どもを引き込むことができます。

（磯　幸子）

体を動かしてあそぶ

相手の動きをまねっこして楽しもう！
ボディパでまねっこ

 時間 10分 準備物 ●音源（「トルコ行進曲」ベートーベン作曲）

 ねらい

トルコ行進曲のフレーズに合わせて，相手の動きをまねする。音楽の構造やフレーズに，実体験を通しながら気づき，まねっこを楽しむ。

対象
低学年
中学年
高学年

1. 動きをまねっこする

2人組で「ボディパでまねっこ」をしましょう。2人で向かい合い，アとイを決めます。「トルコ行進曲（ベートーベン作曲）」のはじめの4小節では，アが，体全体を使って動きます。次の4小節では，アがさっき行った動きを，イがまねっこします。
体のどの部分を使ったら音が出るでしょうか。

手！　足！　お腹！

> **うまくいくコツ**
> はじめはゆっくりのテンポから，まねっこする。

2. 曲に合わせてまねっこをする

では，まずアの動きをまねっこしてみましょう。イは，アの動きをよく見ていてくださいね。

（はじめから8小節～♪）　まねっこできた！

068

私もアの役をやりたい！

では，アとイを交代してまねっこしてみましょう。

3．速度を変えて，まねっこする

では，さっきと違う動きでまねっこしてみましょう。（速度の変化は伝えない）

あれー，さっきより速くなった！

速くてついていけないよ。もう１回やりたい！

もちろん，よいですよ。（今度は遅い速度で曲を流す）

遅すぎる！　逆にゆっくり合わせるのが難しいかも。

> **うまくいくコツ**
> 速度のことを伝えずに，体験を通して速度の変化を聴き取るようにする。

4．音楽の構造に気づく

みんながまねしていたのは，「呼びかけとこたえ」という，音楽の形でした。動きと同じように，音楽もまねっこの形だったのですね。

＼　プラスα　／

ＡＢＡ形式のトルコ行進曲は，Ｂの中間部分において，ペアで自由に動作を考えて楽しむこともできます。

（十倍　愛）

体を動かしてあそぶ

好きなメニューを選んでリズムあそびを楽しもう！
リズムレストランへ，ようこそ

 時間 10分　 準備物　●リズムのメニュー（紙やスライド）

言葉のもつリズムを生かしてリズムをつかみ，「呼びかけとこたえ」
を意識しながら，リズム打ちを楽しむ。

対象
低学年
中学年
高学年

1. あそび方を知る

 ここは，リズムレストランです。メニューを見て，好きなものを選んだら，リズムで注文をします。

2. メニューとリズムを知る

 これが，メニューです。先生のまねをして，メニューの名前を言いながら，手でリズムを打ってみてください。

どれも、おいしそう！

メニューの名前を言いながらだと、簡単に打てるね！

3. 声を出しながら、リズムリレーをする

ここからが本番です。先生が「お決まりですか？（♪♪♪♪）」とリズムで1人ずつ呼びかけるので、みなさんは選んだメニューの名前を言いながら、手拍子のリズムでこたえてください。

1人ずつだと緊張する！

> **うまくいくコツ**
> メニューの名前を言いながら打つことで、取り組みやすくなる。

先生と、リズムでお話ししてるみたいで、楽しいね。

4. 声は出さずに、リズムリレーをする

今度は、メニューの名前を言わずに、リズムだけでこたえてみましょう。正しく伝えられますか？

わーっ、リズムだけになると難しい！

友達が何を注文してるのか、考えながら聴くのも楽しいね！

> ＼ ポイント ／
> リズムをつくるのは難しい子どもも、メニューと結びつけてリズムを覚え、そこから選ぶようにすることで、参加しやすくなります。

（小田　康介）

体を動かしてあそぶ

拍を感じ取りながら楽しく踊ろう！
「さんぽ」で踊ろう

| 時間 | 5分 | 準備物 | ●教科書準拠CD「さんぽ」 |

ねらい
先生のまねをする活動を通して，歩いたり手拍子など楽しみながら，拍を感じ取る。

対象
低学年
中学年
高学年

1.「さんぽ」に合わせて手拍子をする

これから音楽に合わせて先生のまねをしてください。
（♪「さんぽ」（中川李枝子作詞／久石譲作曲）のCDをかける。イントロ中は，足の踵を上下させてカウントを取り，イントロの概念を意識させるため，振りはつけない）
（歌が始まるところから拍に合わせ手拍子（♩♩♩♩）を始める）

（先生を見て手拍子をし，学級の拍が揃う）

（手拍子を続けながら）すごいですね。みんなの拍が揃っています。

2. ♩♩♩♩から，♩ ♩＋ポーズ2拍に変える

　　　　　　♩　　　♩　　　前ならえのポーズ　　×4
（拍）　♡　　♡　　♡　　♡

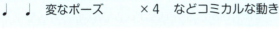

（前ならえの動きに慣れてきたら，様々なポーズを増やしていく）
- ♩ ♩ 　左ならえ　　　×4
- ♩ ♩ 　バイバイポーズ　×4
- ♩ ♩ 　変なポーズ　　×4　　などコミカルな動き

（先生を見てまねをする）

3．2回目は座席を立ち，足踏み行進の後，より大きな動きで楽しむ

　♩ ♩ 　（ガッツポーズ・あっかんべー・気をつけ，など）

（笑顔で踊っている）

楽しかったですね。

＼ ポイント ／

1年生は短い活動を次々展開しないと集中が続きません。ずっと座っていては飽きてしまいます。4拍×4，4拍×8の感覚も育てたいです。

（藤宮　博子）

体を動かしてあそぶ

拍を感じ取りながら楽しもう！
動物ゲーム

 時間 10分　 準備物　●黒板

拍にのって，動物の名前を呼びかけ，鳴き声でこたえて楽しむ。

対象　低学年　中学年　高学年

1. 拍にのって，4拍の動作を覚える

（動作）手拍子・手拍子・右サムアップ・左サムアップ（くり返す）
（拍）　♡　　　♡　　　♡　　　♡

先生のまねをしてください。「ぽん・ぽん・ベリグ（very good）・ベリグ…」（くり返しながら）みなさんの手拍子が揃っています。拍が揃っているからですね。（1度止めて）さてみなさん，犬の鳴き声と言えば？

わんわん！

そうですね。ではさっきのリズムに合わせて，先生が「いーぬ！」と呼びかけますから，みなさんはこんな風にこたえてください。

```
先生（動作）ぽん    ・    ぽん    ・   右サムアップ・左サムアップ
    （拍）  ♡          ♡          ♡          ♡
                                   いー         ぬ！
子ども（動作）ぽん   ・    ぽん    ・   右サムアップ・左サムアップ
    （拍）  ♡          ♡          ♡          ♡
                                   わん        わん！
```

ではやってみましょう。

2．種類を増やして楽しむ

では，こんなのはどうでしょう。ぽん・ぽん・ライ・オン！！

ガオーだよ！　ガオガオ！！

うまくいくコツ
鳴き声のこたえ方とジェスチャーは，子どもの意見を取り上げていく。

3．さらに種類を増やして楽しむ

では，○○先生は？（担任の先生）

動物じゃないじゃん！

＼ プラスα ／

　最初は先生が動物名を言い，子どもが鳴き声をこたえていますが，慣れてきたら子ども一人一人が動物名を言い，みんながそれにこたえるようにしていくとさらに盛り上がります。
　ちなみに私は？　と聴いたら鳴き声は「ラララララ〜」と歌ってくれました。宇宙人やウルトラマンもありになりました。

（藤宮　博子）

体を動かしてあそぶ

音楽や仲間と一体になってあそぼう！
どっちがかがみ？

 時間 15分　 準備物　●音源

ねらい

音楽と相手に集中し，鏡のようにまねっこをしながら音楽に合わせて動くことで，音楽の特徴を捉え，動いた感覚や気づきを共有する。

対象 低学年／中学年／高学年

1. 音楽なしで「かがみの活動」を行う

 2人組になり，1人のお友達が，リーダーとなって自由に動きます。もう1人のお友達は，鏡のように，リーダーのお友達のまねっこをしながら動きます。どちらが鏡か，わからないように動きましょう。

友達の動きに集中するね。楽しい。

 次にリーダーをチェンジしてやってみましょう。

 まねして動くのが面白い！　速い動きだとついていくのが難しい！

2. 音楽に合わせて「かがみの活動」を行う

 今度は，音楽に合わせて同じように動いてみますよ。音楽をよく聴いて，音楽に合うように動いてみましょう。

どう動けばいいかわからないよ。

「ここは動きたいなあ〜」って思うところだけでいいですよ。全部動かなくて大丈夫です。

うまくいくコツ
動きすぎないように，音楽の動きたい部分だけ動く。

3. 動いて感じたことを全体で共有する

鏡になって動くと，音楽と一心同体になった感じがする。

私は，最初の部分が上に向かって引き上げられる動きだったけど，Aさんは，横に伸びて動いていて，違った。

私が動かなかった部分を Bさんは下に向かって動いていて，一緒に動いたら，動きと音楽とが合っているなあって思ったよ。

人それぞれ感じ方は違うけど，共通している部分もありますね。友達の動きをまねっこしたことで，いろいろなことに気づきましたね。

＼ ポイント ／

ゆっくりとした曲が適しています。先生が「動きましょう」と言ってしまうと，音楽を聴かずに，動くことに専念してしまうので，どちらが鏡かわからないようにゆっくり動くこと，音楽に集中させ，動きたいと感じたところだけを動くように声かけをすることがポイントです。

（菊池　康子）

体を動かしてあそぶ

仲良くリズムよく肩たたきをしながら歌おう！
歌って トントン 肩たたき

 時間 3分　 準備物　●掲載の YouTube 動画が再生できる端末

ねらい

リズムや拍感を身に付けるとともに、主体的、協働的に歌唱活動に関わる。

対象
低学年
中学年
高学年

1. ルールを理解する

これから、曲（「リパブリック賛歌」）に合わせて、肩たたきをしていきます。たたき方は、右肩8回→左肩8回→右肩4回→左肩4回→右肩2回→左肩2回→右肩1回→左肩1回、最後に手拍子を1回します。最初に1人で練習してみましょう。

2. 1人で取り組む

たたく回数はぴったりでしたか？　もう一度、練習したい人はいますか？　歌いながらできそうな人はいますか？

3. 友達と取り組む

次に、友達と一緒に活動します。最初に、隣の友達の肩に手が届くくらいの間隔をとって横一列になりましょう。

間隔をとって,横一列になれました。

友達の肩をたたくときは,気持ちいいと思うくらいの強さでたたくようにしましょう。では,曲に合わせて,肩たたきをしていきます。できそうな人は,歌いながらやりましょう。

手がぶつかったところもあったけれど,楽しくできました。

4. 活動を振り返る

活動を振り返ります。拍に合わせたり,友達と一緒に歌ったり動いたりするのが楽しかった人はいますか? また「もっとこうしたら楽しくなりそうだな」とアイデアの思いつく人はいますか?

速さを変えたり足踏みしたりしながらやってみるのは,どうかな?

次は,今出たアイデアで,取り組んでみましょうね!

＼ ポイント ／

「リパブリック賛歌」(アメリカ民謡)の伴奏音源は,筆者のYouTube(松長誠デジタル音楽室)掲載しています(2次元コード参照)。

(松長 誠)

体を動かしてあそぶ

即興的につくったリズムをジャンプでまねよう！
タンブリンでまねっこジャンプ

 時間 3分   準備物 ●タンブリン1枚
●YouTube動画が視聴できる端末

ねらい

即興的にリズムを演奏したり，聴いたリズムに合わせて体を動かしたりしながら，リズム感や拍感を身に付ける。

対象
低学年
中学年
高学年

1. ルールを理解する

これから，「線路は続くよ，どこまでも」（アメリカ民謡）の音楽に合わせて，先生が，タンブリンをたたきます。聴き取ったリズムを，みなさんはジャンプでまねっこしてください。細かなリズムのときは，片足ずつ跳んでもよいですよ。先生，みんな，先生，みんな…と，8回リズムをまねっこすると，曲が終わります。

〈模倣譜例〉

2. タンブリンジャンプに取り組む

それでは，ミュージックスタート！

3. タンブリンジャンプの活動を広げる

ルールがわかってきましたね。次に，先生は，たたく強さを変えながら演奏します。強くたたいたときは強い音で，弱くたたいたときは弱い音で，跳ねてください。だんだん強くたたいたり，だんだん弱くたたいたりすることもありますよ。それでは，やってみます。

音の強さに気をつけてできました。

次は，先生のかわりに，リズムをたたいてくれる人はいますか？友達がたたくリズムをよく聴いて，まねっこをしていきましょう。

＼ ポイント＆プラスα ／

「線路は続くよ，どこまでも」の伴奏音源は，筆者のYouTube（松長誠デジタル音楽室）に掲載しています（2次元コード参照）。活動に慣れてきたら，タンブリンを振ってすずを鳴らすときは，くるっと1回転するルールを加えると，さらに楽しい活動になります。

（松長　誠）

体を動かしてあそぶ

変拍子の歌を楽しもう！
「あんたがたどこさ」

 時間　5分　 準備物　●大型モニタ　●YouTube動画が視聴できる端末

歌ったり体を動かしたりしながら，変拍子の楽しさを実感を伴って理解し，わらべうたに慣れ親しむ。

対象
低学年
中学年
高学年

1. 動画教材1を活用して，活動に取り組む

これから見る動画は，1・2・3・4と見える数字が変わります。1のときだけ，手拍子をしましょう。（動画教材1に取り組む）

2. 動画教材2を活用して，活動に取り組む

次に見る動画も，1・2・3・4と見える数字が変わります。1のときだけ，手拍子をしていきましょう。（動画教材2に取り組む）

3. 動画教材2の活動を振り返る

うまくいかなかった人は，どうしてうまくいかなかったのか，理由を言える人はいますか？　うまくいった人はなぜですか？

1・2・3・4が一定でなかったから…うまくいきませんでした。

歌詞をヒントにしました。知っている歌だったから…。

4.「あんたがたどこさ」の歌を知る

歌を知らない人もいるようならば，歌えるようになりましょう。先生と一緒に歌いましょう。

5.動画教材3を活用して，活動に取り組む

次の動画では，1のときに手拍子せずに，2の数字のときにひざをたたきます。歌えそうな人は，歌いながらやってみましょう。（動画教材3に取り組む）

6.動画教材4を活用して，活動に取り組む

最後の動画です。1のときは手拍子，2のときにひざをたたきましょう。歌いながらやってみましょう。（動画教材4に取り組む）

＼ ポイント ／

動画教材1～4は，筆者のYouTube（松長誠デジタル音楽室）に掲載しています（2次元コード参照）。

動画教材1　　動画教材2　　動画教材3　　動画教材4

（松長　誠）

体を動かしてあそぶ

「山びこ」のようにいろいろなリズムのまねっこを楽しもう！
まねっこリズム

 時間 **5分**　 準備物 特になし

ねらい
先生のまねをする活動を通して，拍感を身に付けるとともに，言葉に合わせたリズム表現を楽しむ。

対象：低学年／中学年／高学年

1. やり方を知る

先生のリズムを，山びこのようにまねをしてください。
最後に「はい！」と言ったら，手拍子で山びこしてくださいね。
♩ ♩ ♩　はい！

♩ ♩ ♩　はい！

うまくいくコツ
「はい！」で，子どもに投げかけるように両手を差し出すと，リズムをキャッチボールしている感じが伝わる。

上手ですね。どんどん続けていきますよ。

うまくいくコツ
♩＝80くらい。最初は「♩♩♩ はい！」から「♩♫♩ はい！」「♩♪♪♩ はい！」「♫♩♩ はい！」など，徐々にリズムパターンに慣れるようにしていくとよい。

2. 長くしたり，複雑にしたりして楽しむ

♩♩♩♩　♫♫♩　はい！
♩♩♩♩　♫♩♩　はい！　など

うまくいくコツ
前半4拍を簡単にして，後半4拍を変化させると，子どもはリズムを捉えやすくなる。反対も同じ。

3. 言葉をつけて楽しむ

♩♫♩♫ ♩♫♩ はい！

> **うまくいくコツ**
> できていない子どもが多い場合は，同じリズムをくり返したり，先生が子どもをチェックするようなそぶりを見せたりするとよい。その後で言葉をつけると，簡単にできることを実感できる。

♩♫♩♫ ♩♫♩ はい！

「きょーうの天気はいい天気。はい」（言いながらリズム打ち）

「きょーうの天気はいい天気。はい」（上と同じ）
うわぁー，今のリズムにぴったりだ！

言葉をつけると，リズムが簡単になりますね。面白いですね。
♩♩♩♩ ♫♩♩ はい！

♩♩♩♩ ○△×＞？？？

> **うまくいくコツ**
> くり返しを含むリズムのときには「今，くり返しはあった？」など，先生が意識的に音楽の要素の言葉を使っていくとよい。

あれあれ？ いきますよ〜。「給食全部食べちゃった。はい」（言いながら）

「給食全部食べちゃった。はい」簡単だ〜！（言いながら）」

＼ **ポイント＆プラスα** ／

低学年向けの常時活動です。最初は4拍，徐々に8拍にのばしたり，リズムを複雑にしたりしていくとよいでしょう。手拍子をボディパーカッションにして楽しむこともできます。

（藤宮 博子）

歌であそぶ

歌詞の言葉に注目して何の曲かを探そう！
口の動き（口パク）で曲探し

 10分　 ●教科書

ねらい

口の動きを丁寧に見ながら，これから学習する曲を教科書などから探し，歌うときの口の動きや歌詞の言葉に意識を向ける。

対象：低学年／中学年

1. これから学習する新しい曲を予想する

教科書から新しい曲をお勉強します。教科書からどの曲かを予想してみましょう。「この曲かな」と予想ができたら，先生に見せてくださいね。「せーの！」
（子どもたちは予想したページを先生に見せる）

2. 歌詞の言葉に注目して，曲を探す

それでは，先生がこれからお勉強する曲の最初を歌います。しかし，声は出さずに，口の動き（口パク）だけで伝えるようにします。先生の口の動きを丁寧に見ながら，どのような言葉を言っているのかを見つけてくださいね。
（ここでは「うさぎ」（第3学年：歌唱共通教材）を扱う）
それではいきますよ。「うーさぎ　うさぎ」

あっ,最初の言葉は「う」だったよ。

 同じ言葉を2回言っていたんじゃないかな。

 先生の口の動きを丁寧に見ていますね。
もう1回,見たいお友達はいませんか?

> **うまくいくコツ**
> 「もう1回」と伝えることで,子どもたちの主体性もアップしていく。

 それではもう1回いきますよ。
(口パクで)「うーさぎ　うさぎ　なにみて　はねる」
(子どもたちは,教科書のページをめくりながら「うさぎ」を探す)

 さて,どの曲か見つかりましたか?

 「うさぎ」です。

 そうですね。先生の口の動きを,とってもよく見ていましたね。

＼ **ポイント** ／

子どもと曲との出合わせ方を工夫すると,その曲に対する向き合い方も変わっていきます。「うさぎ」の場合は,ピアノや音源などは使わずに,このままの流れで旋律を伝えていくことをおすすめします。

(平野　次郎)

歌であそぶ

歌のまねっこあそびをしよう！
「こぶたぬきつねこ」

 時間 10分   準備物 ●音源またはピアノ伴奏

ねらい
「呼びかけとこたえ」の仕組みを生かし，強弱を変化させたり，替え歌をしたりして楽しむ。

対象
低学年
中学年
高学年

1.「こぶたぬきつねこ」(山本直純作詞・作曲)の曲を知る

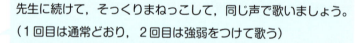

 声が大きいところと小さいところがあったね。

 うまくいくコツ
リーダー役を4人にすることで，1人当たりの負担も減り，活躍する子が増える。

2. 1人ずつ歌う場面をつくる

 先生役をやってくれる人はいますか？
（こぶた，たぬき，きつね，ねこ，各1名を選出）

 お友達はどんな声で歌うでしょうか。
みんなは，そっくりまねっこして歌いますよ。

 たぬき役だから，たぬきのポーズをしようかな。

3. 替え歌をしてあそぶ

 今度はもう一度，先生がリーダー役をします。
（きりん，こあら，ごりら，ぞう，などに替えて歌う）

 あれ！ 違う動物が出てきたよ。

 みんなだったら，どんな動物を登場させたいですか。

 「ペンギン」は4文字だけど，入れてもいいですか。

 いいですよ。リズムよく，歌に合わせて上手に入れてみましょう。

 好きな食べ物とか，動物以外の言葉でやったら面白そうだな。

＼ プラスα ／

替え歌では，動物に限らず，好きな食べ物などの「お題」を決めても面白いです。活動に慣れてきたら，まねっこせずに8人で言葉をつないでいく活動に発展させることもできます。

（納見 梢）

歌であそぶ

ぬいぐるみキャッチに合わせて声を出そう！
ボイスキャッチゲーム

時間　5分

準備物　●2種類のぬいぐるみ（手のひらにのるボールでもよい）

先生が「ぬいぐるみを投げてキャッチするタイミング」で声を出す活動を通して，息をコントロールして声を出せるようになる。

対象
低学年
中学年
高学年

1. ルールを理解する

「ボイスキャッチゲーム」をします。先生が持っているぬいぐるみを，上に放り上げますので，先生がキャッチしたタイミングで「ホーッ」と声を出しましょう。みなさんは，声でぬいぐるみをキャッチするのですよ。

2. ボイスキャッチゲームをする

では，先生が，このぬいぐるみをキャッチするタイミングで「ホーッ」と声を出しましょう。（はじめはソやラなど，子どもが出しやすい音域で「ホーッ」と先生が見本を示す）

（キャッチするタイミングに合わせて）ホーッ。

そうです。うまく，声を出せましたね。いろんなタイミングでキャッチするから，よくぬいぐるみを見ておいてくださいね。

ぬいぐるみが高く上がるときと，低く上がるときがあって，声を出すタイミングが違うな。

> **うまくいくコツ**
> だんだん高く投げたり，だんだん速くしたりすると面白い。

声を出せるように，息を吸って，準備しておかないといけないよ。

3. 高さや速さを変えたり，母音を変えたりをしてあそぶ

ここに，もう１つのぬいぐるみがあります。このぬいぐるみのときは，「パッ」と声を出しましょう。２つのぬいぐるみをよく見て，声でキャッチしてくださいね。

（ぬいぐるみに合わせて）
「ホーッ」
「ホーッ」
「パッ」

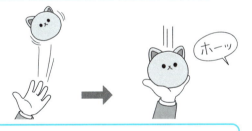

＼ ポイント ／

ぬいぐるみが上に放り投げられ，落ちてキャッチされるまでの様子を見ながら声を出していきます。投げるときに息を吸い，キャッチするときに声を出します。くり返していくうちに，だんだんとタイミングも見通せるようになり，自分の体と息をコントロールして声を出す力がつきます。また，様々な母音で，またいろいろな高さで声を出していきますので，歌唱の授業につながるウォーミングアップとなります。

（髙橋　詩穂）

歌であそぶ

互いの歌声を聴き合おう！
あいさつゲーム

 時間　5分　　 準備物　特になし

ねらい

先生の呼名に対して，1度，4度，5度の伴奏にのせて「はーい」と歌って返事をしていく活動を通して，互いの歌声を聴き合いながら，正しい音程で歌えることを目指す。

対象：低学年／中学年／高学年

1.「あいさつゲーム」について説明する

 みんなで，元気よく歌ってあいさつをしましょう。先生が1人ずつ名前を呼んでいきますから，「はーい」と返事をしてくださいね。

2.旋律をつかむ

 まずは，先生が歌うのをまねっこして，「はーい」と歌ってみましょう。1年1組さーん！（ドドドレミー）

 はーい。（ソーミソ）

 お元気ですか。（ファファファソラー）

 はーい。（ラーファラー）

> **うまくいくコツ**
> 「はーい」の部分を取り出して，1度，4度，5度の和音にのせてくり返し歌って旋律に親しませる。

092

1年1組さん！（ソソソラシー）

はーい。（シーソシー）

はじめますよー。（ドドドソドー）

うまくいくコツ
「朝ごはん食べた人」「5月生まれの人」など，時折全員で返事をする部分や，あるグループだけで返事をする部分を織り交ぜながら進めていくと，子どもたちも集中し，いろんな旋律のパターンで歌うことができる。

はーい。（ドーソドー）

3. あいさつのゲームをする

では，はじめていきましょう。みなさん，元気よく返事をしてくださいね。

○○○さーん！（一人一人の名前を旋律に乗せて歌う）

はーい！

＼ ポイント ／

　軽快な伴奏にのせて歌っていくので，子どもたちは楽しく活動していきます。正しい音程で歌えなかったり，恥ずかしくて小さな声になったりする子もいますが，ありのままの声を受け止めていくことが大切です。「元気な声で歌えたね」「よく響く声で歌えたね」，声を出せなかった子がいても「あ，先生の方を見て，目でお返事してくれたね」のように，励ましていきましょう。
　互いの歌声を聴き合い，励ましをくり返ししていくうちに，子どもたちは正しい音程で，のびやかな歌声で歌えるようになっていきます。

（髙橋　詩穂）

歌であそぶ

口唱歌に親しもう！
口唱歌クイズ①〜ＮＧ口唱歌

　10分　　特になし
時間　　　　準備物

口唱歌に親しみながら，口唱歌を使って表現することを楽しむ。
（口唱歌を使った学習や学習後を想定）

対象
低 学年
中 学年

1. 活動に使う口唱歌を示す

先生の歌う口唱歌をまねしてくださいね。
例）① テン　テン　テン　ヤ
　　② テン　テケ　テン　ヤ
　　③ ツク　テケ　テン　ヤ

うまくいくコツ
「テケ」と「ツク」は「テッケ」のように弾むリズムになる。「ツク」は「テケ」と比べ，ミュートしたような音をイメージするとよい。

2. ルールを理解し，練習する

3つの口唱歌がはっきり歌えるようになりましたね。今からこの3つの口唱歌を1人ずつ順番に歌ってもらいます。自分はどれを歌うか決めてください。みんなは，友達が歌った口唱歌をくり返します。でも，③を友達が歌った場合は，くり返してはいけません。

まずは，練習です。先生が歌うので，みんなは，まねしてくり返します。でも，③のときは歌ってはダメです！　では，いきます。

テン　テン　テン　ヤ

 テン　テン　テン　ヤ

> **うまくいくコツ**
> 慣れるまでは、4拍目は、ヤ（休符）の方が子どもはまねしやすい。

 ツク　テケ　テン　ヤ

> **うまくいくコツ**
> 慣れてきたら、いろいろなリズムパターンを試すとよい。

 ツク…あっ！

 そう、③だったね。ここはくり返しません。

 テン　テケ　テン　ヤ…

3. みんなで順番にリレーする

 今度はみんなでリレーしますよ。Aさん、みんな、Bさん、みんな…の順でリレーしていきます。NG口唱歌は③です。では、さんはい！

 テン　テン　テン　ヤ

> ＼ **プラスα** ／
> 低学年では、「ドン」「ドコ」などを使ったリズムの学習があります。そのような学習においても、十分に活用できます。

（和智　宏樹）

歌であそぶ

口唱歌に親しもう！
口唱歌クイズ②〜利き口唱歌

 10分　 なし
時間　　　　　　準備物

ねらい
口唱歌に親しみながら表現することを楽しむ。
（口唱歌を使った学習や学習後を想定）

対象 低学年／中学年

1. 活動に使う口唱歌を示す

先生の歌う口唱歌をまねしてくださいね。
例） ①テン　テン　テン　ヤ
　　 ②テン　テケ　テン　ヤ
　　 ③ツク　テケ　テン　ヤ

> **うまくいくコツ**
> 「テケ」と「ツク」は「テッケ」のように弾むリズムになる。「ツク」は「テケ」と比べ、ミュートしたような音をイメージするとよい。

2. ルールを知る

ボランティアで協力してくれる人，3人お願いします。
①〜③のどれか選んでください。どれを選んだか友達にわからないようにしてくださいね。1人1つ選びます。

今から，3人の友達が同時に口唱歌を歌います。誰が，どの口唱歌を歌っているか見つけましょう！
では，3人，いきますよ，さんはい！

「テン テン テン ヤ」「テン テケ テン ヤ」「ツク テケ テン ヤ」
（同時に歌う）

Aさんは，②だね。

Bさんは①だよ！

もう1回，聴かせてほしい！

聴き取れたかな？　友達と相談してもいいですよ。

3. リーダーを交代しながら活動する

他にリーダーをしてくれる人はいますか。
友達にわからないように決めてくださいね。準備はいいですか？
いきますよ，さんはい！

「テン テン テン ヤ」「テン テケ テン ヤ」「ツク テケ テン ヤ」
（同時に歌う）

わかった！

うまくいくコツ
3人の拍（速さ）が揃うように声かけをする。

＼ ポイント ／

慣れてきたら，口唱歌を自分たちで考えると，音楽づくりの学習にも発展できます。「難しい組み合わせは何かな」と，グループで話し合うのも楽しい活動です。

（和智　宏樹）

歌であそぶ

歌って動いて友達とつながろう！
歌でなかよし

 時間　15分　 準備物　特になし

歌詞をしっかり覚えて楽しく歌う中で，歌詞の特徴を生かし，体を動かしながら拍感やリズム感を身に付けていく。

対象：低学年／中学年／高学年

1. 曲を覚える

先生が歌を歌います。どんな言葉が出てきたか教えてくださいね！
※教材曲「あくしゅでこんにちは」（まど・みちお作詞／渡辺茂作曲）
♪テクテクテクテク歩いてきて　あくしゅでこんにちは。
　ごきげんいかが。

なんか「テクテク」が入ってたー！

「歩いて」と「こんにちは」もあった！

うまくいくコツ
自分たちで歌詞をつかんでいけるように支援する。

2. 拍で友達と！

次はこの曲の「拍」に合わせて，手拍子をしながら歌いましょう！

かんたーん！！

098

じゃあ，今度は，拍に合わせて歩きましょう！　そして，「あくしゅで」からは，止まって，そこで出会った友達と手合わせをしましょう！

3.リズムの特徴を発見！

うまくいくコツ
「ごきげんいかがか」の伸ばす部分もしっかり拍をきざむ。

みんな，拍はもうばっちりですね！　じゃあ，今度はリズムで動けますか？　最初の場面「テクテクの場面」「握手の場面」「ごきげんの場面」，それぞれ，どんなリズムの特徴がありますか？

「テクテクはなんか細かい！」「なんか速い」

じゃあ，「細かい」って言葉にしましょうね。（この後，「〈あくしゅ〉はなんか伸びてる」「〈ごきげん〉のところは細かいと伸ばしが合体してる」など，場面ごとにリズムの特徴を整理していきます）

4.リズムでみんな仲よし！

じゃあ次は，「テクテク」のリズムに合わせて動いて，「あくしゅ」では，実際に出会った人とリズムに合わせて握手しましょう。そのペアで，「ごきげん」は「足踏み」，「いかがー」の「いか」で手合わせ，「がー」でまた握手ですよ。

> **＼ ポイント ／**
> 体を動かす活動で音楽的な学びを体感し，その学びを使って，友達とかかわりをもちながら楽しめるように心がけてみてください。

（岩井　智宏）

歌であそぶ

拍を感じながら楽しく歌って体を動かそう！
「さんぽ」でハイタッチ

 時間 5分　 準備物　●CD　●授業支援DVD，または動画　●ピアノ伴奏楽譜

ねらい

「さんぽ」の曲に合わせて，行進したり歌ったりして，みんなで「拍」を感じ取る。

対象：低学年／中学年／高学年

1.「さんぽ」の1番のみを歌う

 今から，「さんぽ」（中川李枝子作詞／久石譲作曲）の音楽に合わせて，みんなで丸くなって行進しましょう。

2.先生も加わり，2番までを歌いながら歩く

 今度は，先生がいるところで，音楽に合わせてハイタッチしてみましょう。

3. 子どもの中からもハイタッチの役割を募る

みなさんの中からも2人ほど，先生と同じようにハイタッチをやってくれる人はいますか？

はい！ やってみたいです。

4. 先生はピアノ伴奏を弾き，リードする

「くものすくぐって　くだり　み　ち　」（ハイタッチ）

ハイタッチを交代してやってくれる人はいますか？

はい！　今度は手拍子も入れてみたいなぁ。

では，歌の途中で手拍子を入れて，アレンジしてみましょう。

> **うまくいくコツ**
> 伴奏は子どもが拍感を取りやすいようにややゆっくり目に弾く。学級全員が楽しく拍を感じ取れるように，教師がモデルになり，役割を交代しつつ，くり返し行う。

＼ ポイント ／

子どもが歌詞を大体覚えて，元気よく歌えるようになってから行うとよいでしょう。拍を感じ取り，みんなでピッタリ合ったときの「合わせる楽しさ」を実感することができます。

（磯　幸子）

歌であそぶ

手と頭の準備運動をしよう！
旋律のリズムであそぼう

 時間 **10分**　 準備物　●伴奏のピアノまたはキーボード

旋律のリズムを用いて体を動かす活動を通して，みんなで表現する曲の旋律やリズムの特徴に気づく。

対象
低学年
中学年
高学年

1. 曲のリズムを友達と両手を合わせてタッチ！

 今歌っている「小さな世界」（若谷和子訳詩／シャーマン兄弟詞曲）の曲のリズムを，2人組で向き合い，友達と両手を合わせて打ちましょう。

2. 足踏みしながら，曲のリズムを友達と両手を合わせてタッチ！

 次は，1，2，1，2，と足踏みをしながら，手は曲のリズムを，友達と両手を合わせて打ちましょう。

 あれ？　足が手と一緒になっちゃった！

 うまくいくと，足と手が違って面白い！

> **うまくいくコツ**
> 伴奏では，右手で旋律を弾き，左手で足踏みと同じリズムでベースを弾く。
> 曲の例として「喜びの歌」「小さな世界」など。

3. 曲のリズムを足でステップ！

102

では，今，手でお友達と打ったリズムで，今度は歩きます。
「タタ　タンタンタンタタ　タンタンタン…」と歩きますよ。
♪♪｜♩｜♩｜♪♪｜♩｜♩｜♩～（「小さな世界」冒頭のリズム）

「タータタンタン〜」あれ？　ここは，はずむからスキップかな？

4. フレーズごとに，あそび方を変える

「小さな世界」のリズムフレーズを，「手だけ」「足踏みと手」「歩く」と変えていきましょう。

わーっ，思っていたより難しい！

結構，間違えちゃった。でも面白かったよ！

みんな頭がすっきりしましたね。では，今日も頑張りましょう！

＼ プラスα ／
手合わせと足踏み手合わせの場合の発展として，2人組から，4人組，8人組，クラス全体と広げていくと，リズムフレーズがつながる楽しさをみんなで共有できます。

（後藤　朋子）

歌であそぶ

どんなふうに歌おうかな？
めざせ！表現名人

時間 5分

準備物 ●表現を指示するカード

ねらい
指示に従った表現を工夫する活動を通して，楽しみながら，歌唱表現技能の基礎を身に付ける。

対象　低学年　中学年　高学年

1. ルールを理解する

「うさぎ　おいし　かのやま〜♪」。一度みんなで，この1フレーズを歌ってみましょう。（歌う）
今日は，この短いフレーズを「カードに書かれた表現」で歌ってみるゲームをします。どんなカードがあるのか見てみましょう。（カードを1枚引く）

カードの例
| おちついて | おどろいて | やさしく |
| はっきりと | はげますように | |

「悲しそうに」っていうカードが出たね。

悲しそうに，このフレーズを歌える人いますか？

はーい！　それでは，悲しく歌ってみます。（歌う）

104

本当に悲しそうだ。○○さん上手だね。

 じゃあ次に当たった人，カードを引いてお題の通りに歌ってね。

2. 表現を工夫して歌う

 「急いで」っていうカードが出た！ 急いでいるように歌ってみます。

 本当に急いでウサギを追いかけているみたい。面白いね！

 それでは，3人目の人に出てきてもらいます。聴いている人は，3人のうち誰が表現名人チャンピオンか，考えておいてくださいね。

 「なつかしそうに」!? できるかな。歌ってみます。（歌う）

 お〜。私は，△さんがチャンピオンだと思います。なぜなら，声を細くして，たまに震わせていて「悲しさ」を表現できていました。

 次回は，どんなカードが出るのかな？ 楽しみですね。

> ＼ ポイント ／
>
> 表現をした子どもに「どのようにして，お題を表現したの？」と問いかけたり，全員で模倣して歌って試したりすることで，表したい表現をするために必要な歌唱の技能を身に付けることができます。

（北川　真里菜）

楽器であそぶ

旋律や小節に目を向けながらリコーダーを演奏しよう！
小節限定演奏

時間　10分

準備物
- 教科書などに掲載されている楽譜
- リコーダー

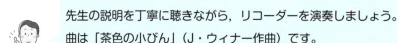

小節を限定した演奏活動を通して，旋律や小節に目を向けながら，拍や速度などを意識して，リコーダーを演奏する。

対象
低学年
中学年
高学年

1. 活動の説明をする

先生の説明を丁寧に聴きながら，リコーダーを演奏しましょう。曲は「茶色の小びん」（J・ウィナー作曲）です。

2. 旋律や小節に目を向けながら，リコーダーを演奏する

それでは，「茶色の小びん」の1段目1小節目を演奏します。
「1・2・3・4」（「茶色の小びん」の1小節目「ミソ ソソー」を演奏する。多くの子どもたちは，1小節目でピッタリ演奏を止められない）

うまくいくコツ
先生はピアノで伴奏してもよいし，小物の打楽器などで拍を刻むのもよい。

1小節目でピッタリ止められない子が多かったですね。みんなで，1小節目だけ「ドレミ」で歌ってみましょう。

「ミソ ソソー」

それでは,「茶色の小びん」の１段目１小節目を演奏します。「１・２・３・４」（今度は，多くの子どもが１小節目で止められるが，数名，小節をはみ出してしまう子も）

残念！　惜しかったですね。全員でピッタリ揃えられるといいですね。もう一度いきますよ。「茶色の小びん」の１段目１小節目を演奏します。「１・２・３・４」

次は,「茶色の小びん」の１段目１，２，３小節目まで演奏します。

え～！　難しそう。

どうして,「難しい」って感じるんだろうね。

うまくいくコツ
全員が揃ったら，ピアノなどで「シソシソ」と合格の合図を出すとよい。

３小節目までだと，旋律が中途半端だから，その先まで演奏してしまいそうだからです。

それでは，いきますよ。「１・２・３・４」

＼ ポイント ／

「小節限定演奏」の１つの目的は，子どもたちが楽譜に目を向けながらリコーダーを演奏することですが,「苦手な子どもが同じ小節をゲーム感覚でくり返し演奏すること」も大切な目的の１つです。

（平野　次郎）

楽器であそぶ

リコーダーの頭部管で「面白い！」を引き出そう！
リコーダーで小鳥になりきろう

 時間　10分　　 準備物　●リコーダー

ねらい

「頭部管」を使った音遊びを通して，様々な音の出し方を試したり友達の表現をまねしたりしながら，リコーダーへの興味関心を高める。

対象
低学年
中学年
高学年

1. 範奏を聴く

 今から，「頭部管」だけで音を出してみます。どんな風に聴こえたか，教えてください。

 すごく高い音がしたよ！

 ピヨピヨって鳥の鳴き声みたい！

 このように，穴を手で押さえると音の高さが変わります。みなさんはどんな鳴き声になりますか？

2. 個人で試した後に，全員でリレーする

 では，みんなでリレーしてみましょう。前の人が終わったら，音を出しましょう。気に入った鳴き声を見つけたら，後で教えてね。

108

3. 気に入った鳴き声について共有する

いろいろな鳴き声がありましたね。お気に入りは見つかりましたか。

「ピピピピピピッ」てすごい速さで鳴いていて面白かったよ。

「ピ〜」ってきれいな音が伸びているのが，いいなって思ったよ。

穴をだんだん開けていくと，音がだんだん高くなって面白かった。

4. 友達のアイデアも取り入れて，もう一度リレーする

穴をふさぐ以外にも，息の入れ方を変えるのも面白そうですね。いいなと思ったアイデアを取り入れて，もう一度リレーしましょう。

今度は，短く切ってみようかな

うぐいすみたいな鳴き声もできそうだな。

> **うまくいくコツ**
> 子どもによって表現が違う。それを面白がって，先生も一緒に楽しむことで，さらにアイデアが生まれていく。

いろいろな鳴き声ができて楽しかったですね。リコーダーを組み立てたら，もっといろんな音が出せますよ。楽しみですね。

＼ **プラスα** ／

2人組やグループになって，鳴き声でお話する活動にもできます。「呼びかけとこたえ」を使うことで，「どうやって返事をしようかな？」と他者意識のある表現へと変化することが期待されます。

（遠山　里穂）

楽器であそぶ

打楽器からどんな音がするか聴いてみよう！
好きな音，どんな音？

| 時間 | 10分 | 準備物 | ●打楽器 |

ねらい
打楽器の音あそびを通して，いろいろな鳴らし方があることに気づくとともに，打楽器の音色に親しむ。

対象
低学年
中学年
高学年

1. 楽器の音色当てクイズをする

今から，先生が楽器の音を１回だけ鳴らします。何の楽器に変わったのか，わかったら手を挙げて教えてくださいね。
※トライアングル，ウッドブロック，タンバリンの順に鳴らす。

簡単にわかっちゃうよ！

うまくいくコツ
クイズをしながら，響きが消えたところで手を挙げるゲームを入れると，音の伸びに視点を当てることができる。

2. 楽器の音色を種類分けする

どうやって聴き分けているのですか？

トライアングルは，音が伸びてすごく響いて，ウッドブロックは，コッコッって高い低いが交互に出てくるからわかったよ。

タンバリンは，鈴と太鼓みたいな音が混ざっている。

楽器が何でできているかで，音の聴こえ方が違うのですね。

3. お気に入りの楽器を選んで，みんなで音をつなげる

気に入った楽器を使い順番に鳴らします。前のお友達の音が聴こえなくなったら，自分の楽器を鳴らしましょう。鳴らし方は自由です。

同じトライアングルでも，鳴らし方が違って面白いな。

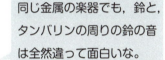同じ金属の楽器でも，鈴と，タンバリンの周りの鈴の音は全然違って面白いな。

4. 4拍ずつのリレーをする

今度は1人4拍分，演奏してつなげてみましょう。次の人に重ならないように，5拍目には音を止めるようにしましょう。

いろんな楽器の音がつながって楽しかったよ。次は違う楽器でもやってみたいな。

楽器や鳴らし方によって，いろんな音が鳴りましたね。

＼ プラスα ／
打楽器で即興リズムリレーを行うこともできます。木の楽器で金属の楽器をまねするにはどうしたらよいかなど，子どもは楽しんで考えます。

(遠山　里穂)

楽器であそぶ

どんな音が出せるかな？
鍵盤ハーモニカであそぼう

 時間 15分　 準備物　●鍵盤ハーモニカ

鍵盤ハーモニカでの音あそびを通して，鍵盤の位置と音の高低の関係を知ったり，様々な鳴らし方を試したりして，楽しんで演奏する。

対象
低学年
中学年
高学年

1. ルールを理解する

　今から，鍵盤ハーモニカを使ってみんなで音リレーをします。自分の演奏したい音を1音選んで，1人1回ずつ演奏して順番につなげていきましょう。

2. 個人で試す時間を設けた後に，全員でリレーする

　高い音が気に入ったから，一番右を押さえよう。

　白と黒の鍵盤をどっちも押さえたら面白いな。

　一番左の鍵盤は，ちょっと怖い音がするな。

うまくいくコツ
1人1音でも，みんなでつなげると高低の予想外な変化があり楽しめる。先生も一緒に楽しむとよい。

　いろいろな高さの音が出ましたね。左にいくと低い音，右にいくと高い音が鳴りましたね。

112

3. 息の入れ方を変えて演奏する

今度は，息の入れ方を変えて，リズムをつくってつなげてみましょう。1人4拍で，次の人にバトンタッチしますよ。

高い音を細かく切ったら，リズミカルになったよ。

隣同士の鍵盤を押さえてタンウンタンウンのリズムにすると，危険を知らせるブザーみたいだよ。

4. 鍵盤を変えながら演奏する

最後は，息を入れている間に，演奏する音を変えてみましょう。もちろん，さっきのようにリズムも変えていいですよ。

左から右まで，一気に弾いてみたら，魔法がかかったみたい！

ミとドを速いスピードでくり返し弾くと，正解の音になるよ。

鍵盤ハーモニカだけで，いろいろな音楽ができて楽しかったですね。

＼ ポイント ／

3までは，息をしっかり入れて音を出すことを大切にします。4では，指を動かすことに意識を向け，段階的に慣れ親しむことがポイントです。

（遠山 里穂）

楽器であそぶ

美しい響きを味わいながら和音を学ぼう！
トーンチャイムで和音づくり

| 時間 | 10分 | 準備物 | ●トーンチャイム　●「星の世界」CD　●ピアノ |

ねらい
三部合唱の導入や和音の学習の導入として，トーンチャイムの音の重なりを通して，和音の美しさを体験し，合唱へつなげる。

対象
低学年
中学年
高学年

1. 同声三部合唱の音源を聴く

 今日から「和音の響きや音の重なりを感じ取ろう」の学習です。「星の世界」の合唱を聴いて，気づいたことや感想はありますか？

 すごくきれいな歌声でした。

 ハーモニーが素敵だなと思いました。

 そうですね。みんなで素敵なハーモニーで歌えたらいいですね。ハーモニーをつくる音や響きを，今日はまず楽器で体験しましょう。

2. トーンチャイムの音を聴き，響きを味わう

 これはトーンチャイムという楽器です，聴いてみましょう。
（ド，ミ，ソの音を鳴らし，簡単なハーモニーを聴かせる）

とってもきれい！　長く響く音が素敵だなあ。

では，先生がﾌｧの音を担当するので，ラ，高いドを担当してくれる人はいますか？　先生から順に音を鳴らしてみましょう。

うまくいくコツ
チームに分かれたら，少し距離を取り，つられないように配慮する。

きれいなハーモニーができたね！

3．トーンチャイムに合わせて，声でハーモニーをつくる

今度はﾌｧ，ラ，高いドの3つのチームに分かれ，トーンチャイムの音をよく聴きながら「マ〜」と歌ってみましょう。

「（ﾌｧを聴いてから）マ〜」，「（ラを聴いてから）マ〜」，「（高いドを聴いてから）マ〜」

\ ポイント /

　トーンチャイムの美しい響きを感じて，この美しさが自分たちの声でも表現できたらいいなという音楽表現への憧れの気持ちをもたせたり，和音の響きが合唱や合奏を支えていることに気づかせたりしながら，既習事項と結びつけていきます。
　また，ア・カペラでは難しくても，トーンチャイムを演奏することでどの子でも，簡単に和音の美しさを味わうことができます。

（磯　幸子）

楽器であそぶ

ペットボトルの音色を楽しもう！
エアコーク・アンサンブル

 時間　15分　 準備物　●炭酸飲料の1.5L ペットボトル　●バチ
●加圧式霧吹き（ペットボトル用，100均で購入）

　エアコーク（ペットボトルに空気を入れてつくる楽器）を使い，音高が異なる音を順番に鳴らしたり，一緒に重ねて鳴らしたりして生み出される不思議な感覚を楽しむ。

1. 楽器に出合う

 新しい楽器を紹介します！　じゃーん！

 ん!?　ペットボトルに，何かついている!?

 そうです。ついているのは，ペットボトルの中に空気を入れる道具です。空気を入れると音が変わります。聴き比べてみてください。（空気を入れる前）ボン　（入れた後）コーン

 全然違う！　音の高さが変わったよ。音の長さも変わった！　空気を入れたら，音が長くなって，きれい！

 1人1つずつあるので，音を出してあそんでいいですよ。

2. 音を出してあそぶ

空気を抜きながらたたくと，音が変わって面白いよ！

順番に鳴らすのも面白いし，一緒に合わせて鳴らすのもいいよ！

何人か集まって鳴らし方を考えると，曲ができるかもしれませんね。

3. グループで曲をつくる

高い音からだんだん低い音になる順番で打とうよ。

いいね！　最後は「ダンダンダン」って全員で決める感じで打とう。

曲に流れがあるし，最後は終わる感じもして，とてもいいですね。

> ＼ ポイント ／
>
> 　炭酸飲料のペットボトルは，柔軟な素材でできており，空気圧をかけると，とても魅力的な音色を出す楽器になります。特に，音の高さの違いに気づき，それを生かした曲をつくる子どもの姿を見取って価値づけることで，音楽を身近に感じる子どもに育っていきます。

（上原　正士）

楽器であそぶ

どの演奏がチャルメラにぴったり？
みんなでラーメン屋さん

 時間　15分　 準備物　●リコーダー

ソラシの3つの音で吹けるリコーダーの「チャルメラ」の演奏を通して，相手や伝えたいことに合わせて演奏を工夫する。

1.「チャルメラ」を聴く

 この曲を聴いたことはありますか？
（屋台のラーメン屋さんが流す「チャルメラ」を聴かせる）

 屋台のラーメン屋さんかな？

 そうです。お客さんを呼ぶためにチャルメラという楽器を演奏していたそうです。中国の方から来た楽器です。この曲名も「チャルメラ」と呼ばれています。リコーダーで簡単に演奏できます。

2.「チャルメラ」を演奏する

 使う音はシとラとソの3つです。「ソラシーラソ　ソラシラソラー」

 やった！　できた！　聴いて聴いて。

3. 演奏を聴き比べる

お客さんが来てくれるように,「チャルメラ」の演奏を工夫してみましょう。

大きな音にして,遠くの人にも来てもらえるようにしました。

やさしく吹いて,気持ちがよくなるようにしました。

みんなで輪になって,順番に演奏して聴き合いましょうか。

4. 演奏を発表して,感想を伝え合う

先生から順番に時計回りで演奏していきます。心に残る演奏は,誰のどんな演奏だったか,覚えておいてくださいね。
(全員1回ずつ演奏する)

〇〇さんは,音をくねくねさせていたのが面白かったです。

〇〇さんの,リズムを少し変えていた演奏が心に残りました。

＼ ポイント ／

　演奏を工夫するときに大切なのが目的意識です。お客さんを呼ぶために吹くチャルメラを取り上げています。お客さんがラーメン屋に向くために,リズムや音の長さ,息の入れ方,強弱などの要素に着目しながら演奏を工夫する子どもの姿を見取り,価値付けることが大切です。

(上原　正士)

楽器であそぶ

5音音階を使って即興的な表現を楽しもう！
リコーダーでお返事あそび

 時間 **5分** 準備物 ●リコーダー

ねらい
わらべうたの音階（ミソラシレミ）から，ラとソを選び，「呼びかけとこたえ」を使って，リコーダーによる即興的な表現を楽しむ。

対象
低学年
中学年
高学年

1. ルールを理解する

 先生が，わらべうた風にみなさんの名前を歌って呼んでいきます。呼ばれた人は，声で返事をする代わりに，「ラ」と「ソ」の音を使って短い旋律をつくって，お返事してください。

2. 答え方の練習をする

 まずは「みなさん（♪ソラソ・）」と呼ぶので，「♪ラソラ・」とリコーダーで返事してください。では「♪みなさん」

うまくいくコツ
いくつかパターンを練習しておくと，苦手な子も参加しやすくなる。

 「♪ラソラ・」 かんたーん！

 次は，「♪ソララ・」と返事してみましょう。「♪みなさん」

「♪ソララ・」こっちも,かんたーん! 他のこたえ方でもいい?

もちろんです! リズムを変えたり,「シ」の音も入れてみたり。難しい人は,反対に「ラ」の音だけでもいいですよ。

3. 1人ずつ名前を呼んで,順番に即興で返事をする

では,ここからが本番です。1人ずつ名前を呼びますので,呼ばれたら,即興で返事をしてください。

指遣いやタンギングにも気をつけて,よく吹けましたね!

次にするときは,また新しいリズムつくりたいな!

名前を呼ばれたときはドキドキしたけど,楽しかったよ!

＼ プラスα ／

まずは「ラ」と「ソ」から始めて,慣れてきたら「シ」や「ミ」を加えると,より楽しくなります。「ミソラシ」の4音は「あんたがたどこさ」と同じ構成音なので,関連させるのもいいですね。

(小田　康介)

楽器であそぶ

黒鍵1音を選んで音色や呼吸に気をつけて演奏しよう！
やさしい息で

時間　5分

準備物
●鍵盤ハーモニカ　●大型モニタ
●YouTube 動画が視聴できる端末

　黒鍵と白鍵の位置を理解するとともに，拍数や音色，呼吸に気をつけて演奏する技能を身に付ける。

対象
低学年
中学年
高学年

1. 音の位置や，音が重なったときの響きを確認する

鍵盤ハーモニカを見ると，白い部分の白鍵と，黒い部分の黒鍵があるのがわかります。はじめに，黒鍵から1つ音を選びましょう。○○さんは，どの音を選びたいですか？

> 左の方の黒鍵を選びたいと思います。

左の方ということは，低い音ということですね。では次に，選んだ黒鍵1つをみんなで音を重ねて吹いてみると，どんな和音になるでしょうか？　やさしい音で長く吹いてみましょう。

> （音を全員で重ねて吹く）

音がきれいに重なりました。高い音や低い音，やさしい音色やはっきりした音色，いろいろな音が聴こえてきました。

2.「やさしい息で」のやり方を確認する

これから,「やさしい息で」という曲を演奏します。先程と同じく,黒鍵を1音使います。動画を見ると,息を吸うタイミングや吐くタイミングがわかります。一度動画を見て確認しましょう。

吹き方が確認できました。

それでは,動画を見ながら,みんなで合わせてみましょう。

＼ ポイント＆プラスα ／

　動画は,筆者のYouTube（松長誠デジタル音楽室）に掲載しています。（2次元コード参照）
　活動に慣れてきたら,体を動かしながら吹いてみると,音楽の可視化（息の量の加減や拍数の理解）につながります。
【動かし方の例】　1234（上げる）　5678（下げる）

（松長　誠）

音であそぶ・つくってあそぶ

線に合わせて声を出そう！
どんな声を出そうかな

 時間 10分   準備物 ●黒板（パワーポイント等で動画を作成してもよい）

線に合わせて声を出すことで，自分の声の特徴や，音の上がり下がりに合った声の出し方を見つける。

1. 直線に沿って声を出す

 先生が線に沿って手を動かすので，「あー」と声を出してみましょう。（線が徐々に引かれるように動画を作成してもよい）

 どんな声を出そうかな。

うまくいくコツ
様々な声の出し方を聴かせてから，子どもがその声をまねするようにしてもよい。

2. 高さや長さを変えて声を出す

 次の線はどうなっていますか。

 さっきよりも低い所に線が引いてあるから，低い声を出してみよう。

 今度は，高い位置に，ちょっと違った線が引いてありますね。

 途切れさせながら高い声を出すってことだね。

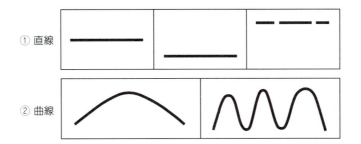

3. 曲線に沿って声を出す

次の線は，山になっていますね。みんなはどんな風に声を出すかな。

（実際にやってから）私は，山の頂上の声を高くしてみたよ。

僕は，山の頂上に向かって，声をだんだん大きくしたよ。

では，山の頂上に向かって，だんだん高く，だんだん大きくなるように声を出してみましょう。

今度は，自分で書いた線に合わせて声を出してみたいなぁ。

＼ ポイント ／

　先生が動かす手の速さを変化させることで，息の使い方を学ぶことができます。活動の始めは速め，慣れてきたらゆっくり動かすのがポイントです。音楽科の授業では，「ブレス」や「旋律」の学習と関わらせるとよいでしょう。

（納見　梢）

音であそぶ・つくってあそぶ

文字の色や形から声の出し方の発想を広げよう！
声で「あ」を表そう ①

 時間 10分　　 **準備物** ●いろいろな色や形の「あ」のスライド

文字の色や形に合う声の出し方を工夫したり，即興的に表現したりする活動を通して，声による表現の発想を広げる。

対象
低学年
中学年
高学年

1. いろいろな色や形の「あ」を見て、声を出す

 今からスライドで出す文字を，声を出して読んでください。　

うまくいくコツ
次々とスライドを提示していく。前のスライドに戻って，声の違いを比べてみる。ホワイトボードに子どもが手描きした「あ」をみんなで読むことも考えられる。

 「あ」（普通の声で）

 次の文字を読んでください。　（赤字）

 「ア！」（驚いたような声で）

 おや，声が変わりましたね。次はどうでしょう。

（赤字）　（水色の字）　

（声を揺らして）（弱めの柔らかい声で）（だんだん声を強くして）

同じ「あ」なのに，いろいろな声になったのはどうしてですか？

濃い色はハッキリした声，薄い色は柔らかい声が合うと思いました。

字がだんだん大きくなったので，声をだんだん強くしました。

2.「あ」の伝言ゲームをする

みんなで輪になりましょう。1人1声「あ」と言います。先生からスタートして，右回りで「あ」を伝え，○○さんがゴールです。できるだけ早く伝えましょう。よーい，スタート。

（1人ずつ順に「あ」と声を出す）

素早く伝えられましたね。次は1人ずつ工夫した「あ」を言ってみましょう。高い声，低い声，元気な声，ひそひそ声，嬉しそうな声，悲しそうな声…どんな声でもいいですよ。

（1人ずつ工夫した「あ」を表現する）

いろんな「あ」がありましたね。面白い「あ」があったらまねしてみましょう。

＼ ポイント ／
言葉のリズムアンサンブルづくりの導入に使える音楽あそびです。それぞれの表現のよさを認め，自信をもって表現できるようにします。

（石井　ゆきこ）

音であそぶ・つくってあそぶ

拍にのって「あ」のリズムを重ねよう！
声で「あ」を表そう ②

 時間 10分　 準備物　● 「あ」リズムのスライド

2拍子，3拍子，4拍子，5拍子の「あ」を重ねて，声のリズムアンサンブルを楽しむ。

対象
低学年
中学年
高学年

1. 拍にのって「あ」と声を出す

 今から，「あ」という声でリズムアンサンブルをします。拍にのって「あ」と声を出します。まず，2拍子からです。

 （2拍子）あ・あ・あ・あ・……（・は四分休符）

 拍にのって声を出すことができましたね。それでは，3拍子，4拍子，5拍子を試しましょう。「あ　1　2」と心の中で休符をカウントするとうまくいきますよ。

 （3拍子）あ・・あ・・あ・・……

 （4拍子）あ・・・あ・・・あ・・・……

 （5拍子）あ・・・・あ・・・・……

128

2. 2拍子, 3拍子, 4拍子, 5拍子の「あ」を重ねる

次は,座っている列ごとに2拍子,3拍子,4拍子,5拍子を担当します。列ごとに「あ」のリズムが合うか,練習してみましょう。(練習後)では,4種類の「あ」のリズムを重ねましょう。

5拍子	あ	・	・	・	・	あ	・	・	・	・	あ	・	・
4拍子	あ	・	・	・	あ	・	・	・	あ	・	・	・	あ
3拍子	あ	・	・	あ	・	・	あ	・	・	あ	・	・	あ
2拍子	あ	・	あ	・	あ	・	あ	・	あ	・	あ	・	あ

いろんなリズムが重なって,わからなくなる。

あちこちから「あ」が聴こえて,面白いね。

うまくいくコツ
学級を縦に4グループに分け,リズムボックス等で拍を示すと,合わせやすくなる。

3. 声の高さを変えて「あ」のリズムアンサンブルをする

今度は声の高さを変えて「あ」を重ねます。2拍子は低い声,3拍子は普段の話し声の高さ,4拍子はやや高め,5拍子は高い声を出しましょう。全員の声が合うまで続けられるでしょうか。

＼ プラスα ／

　拍子ごとのグループで声の高さを変えると,よりリズムアンサンブルらしくなります。60拍目で全員の声が揃うと,一体感を感じることができます。速くする,「あ」以外の文字で行う,少人数グループで行う,声の高さや出し方を工夫する等,様々な応用の仕方を考えてみましょう。

(石井　ゆきこ)

音であそぶ・つくってあそぶ

絵から音の発想を広げよう！
トーンチャイムの音で絵を表そう

 時間 7分
※その後，グループ活動。

 準備物
- 1人1本のトーンチャイム
- 絵

ねらい

絵の形，大きさ，色などからどのような音で表すか，発想をもち，トーンチャイムの音で表現する。

対象
- 低学年
- 中学年
- 高学年

1. 絵を見て，どのような音の出し方が合うか，考える（導入）

　今から，トーンチャイムの音で絵を表します。この絵はどんな音で表しますか？

　（トーンチャイムで実際に音を出してから）小さい丸は弱く，大きい丸は強く鳴らしました。

　小さい丸は短く，大きい丸は長く鳴らすのもよいと思います。

　同じ絵を見ても，色々なアイデアが出てきますね。次の絵はどのように表しますか？

　三角は響きを止めて鳴らそうかな。

　丸は低い音，三角は高い音で分けてもいいね。

うまくいくコツ
音で表しやすい単純な絵から，徐々に複雑な絵を提示していく。

2. グループで絵を選び，絵に合う音の出し方を工夫する

 次は，3人（〜4人）グループで絵を選び，絵を音で表します。

  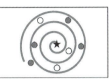

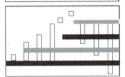 

 丸と三角が交替で鳴るように，タイミングを合わせよう。

 渦巻きは，手をぐるぐると回しながら音を響かせよう。

うまくいくコツ
トーンチャイムは白鍵，黒鍵を混ぜてランダムに配り，子どもから「違う音のトーンチャイムを使いたい」と申し出があった場合は，「なぜ，音を変えたいのか」理由を尋ね，意図を明確にして選ばせるようにする。

3. 各グループの表現を発表し合う

 それでは，グループ発表をします。絵をどのように音で表しているか，それぞれのグループの工夫を見つけて聴きましょう。

＼ ポイント ／
トーンチャイムは，低学年の子どもも易しく扱うことができ，柔らかい音色を楽しめます。事前にトーンチャイムを使ってどのような音を出せるか，全員で試しておくと，より発想が広がります。

（石井　ゆきこ）

音であそぶ・つくってあそぶ

ペットボトルを音符に見立てよう！
ペットボトルでリズムづくり

 時間 10分 　 準備物　●四角い形のペットボトル500mlと250ml 各4本

ねらい

ペットボトルを音符や休符に見立て，即興的に手拍子のリズムを打って楽しむ。

対象　低学年　中学年　高学年

1. 四分音符（休符）でリズムをつくり手拍子で打つ

 今から，ペットボトルでリズムづくりをします。ペットボトル1本が四分音符（タン）です。手拍子で打ってみましょう。
タン タン タン タン（手拍子）

 タン タン タン タン（手拍子）

ペットボトルが倒れていたら
四分休符（ウン）です。
タン タン タン ウン（手拍子）

 タン タン タン ウン（手拍子）

それでは，ペットボトルでリズムの問題をつくりましょう。

132

（代表の子が４拍のリズムの問題をつくり，みんなでリズムを打つ）

2.八分音符を混ぜ４拍分のリズムをつくり手拍子で打つ

次は，八分音符（タタ）を入れてリズムをつくりましょう。小さいペットボトル２本がタタです。
タンタタタンウン（手拍子）

タン タタ タン ウン（手拍子）

それでは，「タン」「タタ」「ウン」を使った４拍のリズムの問題をつくりましょう。

（代表の子が八分音符を入れた問題をつくり，みんなで打つ）
代表「問題です。１　２　３　ハイ」
全員「タタ　タタ　タン　ウン」
何人かが交替でリズムの問題を出す。

> **うまくいくコツ**
> 角形のペットボトルが転がらず，使いやすい。500mlと250mlのペットボトルに色違いの画用紙を巻くと，見やすくなる。

ペットボトルを使い色々なリズムをつくることができましたね。

＼　ポイント　／

身の回りの物で，視覚からリズムのまとまりを感じ取る活動です。ペットボトルを並べて簡単にリズムをつくることができるため，リズムカードでリズムを打ったりつくったりする学習の導入に適しています。

（石井　ゆきこ）

音であそぶ・つくってあそぶ

音素材を身近に感じよう！
素敵な音を紹介しよう〜音日記から

 時間　5分　 準備物　●ワークシート　●タブレット端末　●ふせん　●模造紙

生活の中から身近な音素材を見つけ，それらを紹介し合い，言語化する活動を通して，いろいろな音の響きの特徴に気づく。

対象
低学年
中学年
高学年

1. 9月の授業の帯活動として紹介する

　今から，みなさんが夏休みに見つけた素敵な音を紹介してもらいます。

うまくいくコツ
夏休みに身近な音や音素材を見つけ，「音日記」に書いてくることを宿題（反転学習）としておく。

2. 1回の授業で，3〜5人程度紹介していく

　私が見つけた音は「せみの鳴き声」です。「みーんみーん」と暑い日に遠くまで響いていました。

　私は，家族で海水浴に行ったときに聴こえた「波の音」が心に残っています。「ざぱーん」という大きな波の音が一番よかったです。

　自然の中や夏らしい場所で見つけた音の紹介がありましたね。家の中でも身近な音を見つけた人はいますか？

3. タブレット端末を使った発表も紹介し合う

うまくいくコツ
子どもの意見をふせんに書かせ，先生が項目に沿って整理しながら，動画での紹介も並行して行い，視覚的にも子どもの発見や発表が伝わるようにする。

私は，家の中で「ドアを開ける音」や「ドライヤーの音」を見つけてタブレット端末で動画に撮ったものを見せます。

動画で撮った音を言葉に表すと，どんな感じになりますか？

「ドアを開ける音」が「がらがら〜」,「ドライヤーの音」は「ゴー」かな？と思いました。

4. 見つけた音をふせんに書き,模造紙に項目別に貼り,整理していく

素敵な音をたくさん見つけることができましたね。

音日記から見つけた，みんなの素敵な音がまた増えたね！

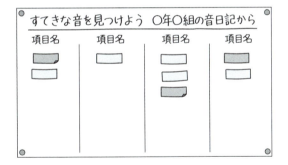

＼ プラスα ／
高学年以降については，環境省 HP 日本の音風景100選を紹介し，自分たちの地域の音風景を鑑賞する活動にもつなげることができます。

（磯　幸子）

音であそぶ・つくってあそぶ

スプーンやフォークの音を楽しもう！
カトラリー・ミュージック

 時間　15分　 準備物　●ティッシュの空き箱　●すきまテープ　●カトラリー　●箸

スプーンやフォークなど身近な食器がもつ音色に気づくとともに，よりよい音を見つけて「生活の中の音や音楽」に目を向けようとする。

対象
低学年
中学年
高学年

1. 楽器に出合う

 今日使う楽器を紹介します。これです。（スプーンを見せる）

 え!?　先生，それはスプーンです。ご飯を食べる道具ですよ。

 はい，そうです。スプーンを使って素敵な音を出します。

 スプーンでスプーンを打つのかな。（チ，チ，チ）
全然素敵な音じゃないなぁ。

 特別な台を用意しました。この箱の上にのせて打ってごらん。

 （チーン）あぁ！　いい音！　音が長くなったよ。

 自分のお気に入りの音を見つけてください。

136

2. 音を出してあそぶ

一番好きなのは、このフォークの音！

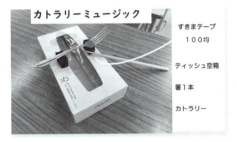

私はこの大きいスプーンの音！

どんなところがいいか見つけたいい音を聴き合いたいですね。

3. 音回しをしてあそぶ

みんなで大きな輪をつくって、今日見つけたいい音を順番に鳴らします。隣の人の音が鳴り終わったら、次の人が音を出してください。

自分で考えたリズムで打っていいですか？

もちろん、いいですよ。打ち終わったら隣の人に「終わったよ」って伝える合図を送ってあげられるといいですね。

> ＼ ポイント ／
>
> 1人1つ楽器を用意するのは、小物楽器でも大変です。カトラリー（身近な食器）なら、準備しやすく思う存分活動ができます。次第に、打ち方を工夫し始める子どもが現れます。その意図を聴きとって、しっかり褒めることがポイントです。このような活動を積み重ねることで、音や音楽を楽しむ達人に育っていきます。

（上原　正士）

音であそぶ・つくってあそぶ

1か所変えて自分のリズムをつくろう！
ちょっとの変化でリズムづくり

 時間　15分　 準備物　●リズムカード

ねらい

1小節を，1か所のみ変えて即興的なリズムづくりを行い，楽譜とたたく音の関係を理解しながら，表現できるリズムパターンを増やす。

対象　低学年　中学年　高学年

1. 今日のリズムの法則を見つける

これからリズムを3つたたきます。どんな法則でできているか，見つけてください。まず①をたたきます。次に②，③（楽譜は提示しない）。さあ，④はどんなリズムかわかりますか？（下記参照）

わかった！！

じゃあ，○○さん，みんなに法則を説明してください。（正解がでない場合は，ヒントを出しながら，自分たちで法則を見つけるように促す）

譜　例

2. 法則を活用して，リズム回しをする

では，それぞれが４つの中から１つ好きなリズムを選んで，リズム回しをしましょう。（楽譜を提示。円になり，１人がたたいたリズムを全体でまねし，次々に回していく）

3. 全員のリズム回しを振り返る

> **うまくいくコツ**
> 全員が同じ拍感でカウントできるようにする。

みんなが選んだのは，何番のリズムが多かったですか？

③が多かった。①は少なかったね。どれでもないのもあったよ。

失敗しちゃった。本当は②をやりたかったんだけど。

失敗しても大丈夫です。適当じゃなくて，楽譜を思い浮かべて，その通りやろうとしたことは大事なことです。

もう１回やろうよ。今度はうまくできそう。

そうですね。次は八分音符をタッカのリズムに変えてやってみます。

難しくなるね。でもできそうな気がする

＼ プラスα ／

単純なリズムから徐々に複雑なリズムにしていくことで，無理なく楽しみながら，様々なリズムパターンを習得することができます。簡単な楽譜の提示から始め，実際の音と楽譜を照らし合わせながら，徐々に発展させていくので，読譜力の向上も期待できる活動です。

（菊池　康子）

音であそぶ・つくってあそぶ

バケツを使ってリズムをたたこう！
バケツでドラマー

時間	15分	準備物	●バケツ（ゴミ箱や箱でもよい） ●バチ（1人2本）

ねらい
バケツを使い，みんなでいろいろなリズム表現をつくって楽しむ。

対象：低学年　中学年　高学年

1. リズムリレーをする

 全員でバケツとバチを持って円になってください。中央の先生のリズムをくり返していきましょう。では，始めます。

（リズムをくり返して打つ）

（リズムをくり返して打つ）できた！

うまくいくコツ
様々なリズムバリエーションをくり返し練習する。

 次は，順番にリズムリレーをしていきます。右回りに1人ずつリズムをたたいて，その後全員でそのリズムをまねしていきましょう。

 できるかな。

140

面白いリズムにしよう。

2. グループでリズムをつくる

 次は，5人グループになって，リズムをつくっていきましょう。1グループ2分程のリズムをつくります。リズムの重なりは自由です。全員一斉でも，ソロパートをつくってもOK。リーダーのリズムをくり返したり，一人一人重ねていったりしてもよいです。どうぞ。

 誰から始める？　さっきのリズムも使おうか。

 そうだね。そのリズムを1人ずつ入る順番をずらしてもいいね。

 速さや強弱はどうしたらいいかな。

 グループで決めて大丈夫です。

うまくいくコツ
話し合いは短く，なるべく実際に音を出しながら，リズムの重なりを楽しむようにする。

3. グループのリズムを発表する

では，みなさんが考えたリズムを発表してみましょう。

＼ ポイント ／

全体でリズムをたたく際に，様々なリズムに触れ，強弱や速さを変えてくり返し練習することが，グループ活動に生きていきます。

（十倍　愛）

音であそぶ・つくってあそぶ

音の出し方や組み合わせ方を工夫しよう！
リズム・パターンで音楽づくり

 時間　15分　 準備物　●黒板（またはホワイトボード）

4拍のリズム・パターンを使い，音の出し方や，つなぎ方，重ね方などの工夫をして，リズム・アンサンブルをつくる。

対象 低学年 / 中学年 / 高学年

1. リズム・パターンを知る

今日は，このリズムを使って音楽をつくってあそびます。
先生のまねをして，手拍子で打ってみてください。
「♪タン タタ タン ウン」（♩♫♩♩ 四分休符）

え～，簡単だけど，これだけ？

2. 音楽づくりのワザを知る

では，このリズム・パターンを，素敵な音楽にしていくためのワザをいくつか教えます。実際に音を出しながら，覚えていきましょう。

音の出し方を変えると，面白いね。

2人で交代しながら，代わりばんこに打つと，お話ししてるみたい。

142

《音楽づくりのワザ》　←音楽づくりの

①音を変える ➡ 体から出せる、手拍子以外の音にする　　ワザ

②くり返す　　　　　　④重ねる

③交代する　　　　　　⑤ずらす

> **うまくいくコツ**
> 子どもたちの工夫を「ワザ」で価値づけていくとよい。

3. グループ（3〜4人）に分かれてつくる

それでは，今から10分で，アンサンブルをつくってみましょう。全てのワザを使わなくても大丈夫ですよ。

さっきの「交代する」のところ，4人で順番にやったら，リレーをしているみたいになって，面白いかな？

最後は，みんなで「重ねる」と，終わった感じがしていいかも。

4. つくった音楽を発表する

それでは，お互いにつくったアンサンブルを発表し合います。

同じリズムなのに，みんな違って面白いね。

＼ **プラスα** ／

ベートーベン「運命」も同じパターンのくり返しでできています（2次元コードの動画（名曲アルバム＋）参照）。

（小田　康介）

音であそぶ・つくってあそぶ

拍にのって、音楽を楽しもう！
「山の魔王」でCups（カップス）あそび

時間　15分

準備物
●紙コップ
●音源CD

ねらい
音楽に合わせたCups（カップス）のあそびを通して、速さや強弱などの音楽を特徴づけている要素の働きや、音楽の構造などを楽しく学ぶ。

対象
低学年
中学年
高学年

1. Cups（カップス）の打ち方を覚える

今日は、紙コップを使って、Cups（カップス）という、カップリズムをします。まずは、リズムの打ち方を覚えましょう。前半と、後半に分けて練習してみましょう。

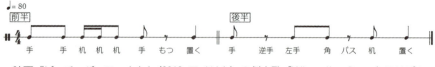

映画『ピッチ・パーフェクト』（2012, アメリカ）の劇中歌「When I'm Gone」のリズム

2. 先生のお手本を見た後、まずは2, 3回、前半を練習する

みんなで合わせてやってみましょう。

簡単にできた！

うまくいくコツ
「山の魔王の宮殿にて」に合わせたCupsの動画

後半が難しいのです。よく見てまねしてください。

> **うまくいくコツ**
> 逆手の部分を,ゆっくり丁寧に練習しておく。

3. 先生のお手本を見て,後半を丁寧に練習する

手拍子の後,逆手でカップを持つところがポイントですよ。

急に難しくなったけど,うまく打てると楽しいね!

4. 速さが変わる音楽に合わせて,カップリズムを打つ

それでは,「山の魔王の宮殿にて」(グリーグ作曲)に合わせて,カップリズムを打ってみましょう。難しい人は,前半のリズムだけ打って,後半のリズムはお休みにしてもいいですよ。

始めはゆっくりだから,思ったより簡単だね!

だんだん速くなってくるから,難しくなるね!

終わりの部分,どうやったらうまく合わせられるかな?

終わりの部分は,リズムを変えてみるのもいいかもしれませんね。

＼ プラスα ／

音楽に合わせて,打つ人数を変えたり,リズムを変えたり,子どもたちに工夫させると,面白くなります。4拍子なら,他の曲でもできます。YouTubeにも様々な動画があるので,他の曲でも試してみてください。

(小田　康介)

音であそぶ・つくってあそぶ

新聞紙から音色を生み出そう！
サウンドクイズ

 時間 15分   準備物
●新聞紙
●タブレット端末

　新聞紙を使い，身近な物がもついろいろな音色に気づいたり，新しい音を生み出したりすることを楽しむ。

対象

1. 新聞紙から生み出される音色に気づく

 今から出す音は何の音でしょう。
（新聞紙を破る音をタブレット端末から流す）

 わかった！　紙だ！　新聞紙かな？

 正解。次の音は？
（新聞紙を丸める音をタブレット端末から流す）

新聞紙をくしゃくしゃに丸める音だ！

 正解。「新聞紙から生み出した音」を使ってクイズ大会をしましょう！　クイズにするには，どんな音がいいですか。

珍しい音をつくって難しい問題にするぞ！

2. 音探しをする

丸めた新聞紙を、新聞紙に当てる音はどう？

ピンと張った新聞紙を、パンチして破る音はどう？

面白いアイデアがいっぱい出てきていますね。できた音は、タブレット端末に録音しておいてください。

3. サウンドクイズであそぶ

この音は何でしょう（タブレット端末の音を再生）

新聞紙をゆっくり千切る音！

残念！　他にありませんか？

珍しい音をつくったね。実際に出して見せてくれますか？

＼ ポイント ／

　この活動は、つくった音を録音することがポイントです。音の鳴らし方が見えなくなることで、鳴らし方を想像しながら聴くようになるからです。よい音を出すことに心を傾ける経験は、器楽演奏にも変化を起こします。単なる楽譜の再現に終わらず、思いや意図を表現する音楽活動へとつながるきっかけになるあそびです。

（上原　正士）

聴いてあそぶ

リコーダーの頭部管を使おう！
鳥になって

 時間 15分　 準備物　●教科書準拠 CD「小鳥のために」（教育芸術社）

リコーダーの導入として，頭部管だけを使って音の出し方を工夫し，音色の違いを楽しむことができる。

対象
低学年
中学年
高学年

1. 小鳥の鳴き声を想像しながらCDを聴く

リコーダーは昔，森で小鳥たちとお話しするために使われていました。鳥になって呼びかけているリコーダーの曲を聴いてみましょう。
♪「小鳥のために」（鳥の名前と写真を示しながら）
まるで本当の鳥の鳴き声のようでしたね。どんな特徴がありましたか？

ピロッピロッと高い音になっていました。細かくて速いリズムが多かったです。

2. 頭部管だけを使い，音の出し方を工夫する

ではリコーダーの頭部管だけを使って，みなさんも鳥の鳴き声のまねを考えてください。いろいろな音の出し方ができそうです。

3. 5人程度ずつ発表し,耳をすます

では5人ずつ,窓の前で発表してください。全員が発表した後は10秒間,耳をすまして待ちましょう。

> **うまくいくコツ**
> すぐ発表ではなく,子ども同士がいろいろ試す時間を十分に取るようにする。また,よい工夫をしている子どもを取り上げ紹介する声かけをするとよい。長さは自由とする。

(一人一人順番に発表し,演奏後は全員で耳をすます)

本当に鳥の鳴き声のように聞こえましたね。面白い音の出し方をたくさん工夫していましたね。
(演奏後に,本当に外の鳥がさえずることもあります)
これからも鳥が喜ぶようなきれいな音を目指して,みんなで練習していきましょう。

＼ ポイント ／

タンギングや運指など,これから始まる苦難の道はさておき,「きれいな音が出せるんだな」と感じさせたいリコーダーの導入期です。様々な音の出し方を工夫してくることと思います。ここではすべてがはなまるですので,しっかりほめてあげましょう。また,のどかな我が校では,発表後に本当に小鳥のさえずりが聴こえ,子どもたちは大興奮でした。

(藤宮　博子)

聴いてあそぶ

弾いている音はどの楽器の音色かな？
「カトカトーン」で音色当てクイズ

 時間 10分　 準備物　● Webアプリケーション「カトカトーン」（教育芸術社）を使用できるタブレット端末

出題者が「カトカトーン」の音色選択画面の鍵盤で「ドレミファソラシド」などの旋律を演奏し，同じ音色を探し当てる。

対象
低学年
中学年
高学年

1. 先生が見本で出題する

今から，「カトカトーン」を使って音色当てクイズをします。まず，はじめに先生が問題を出します。「ドレミファソラシド」を弾きますので，どの楽器の音色か当ててください。
自分のタブレット端末で音を出して探してもよいですよ。

フルート？　何かちょっと違う音色だな…。

ヒントは黒くて木でできている楽器です。

わかりました！　クラリネットです！

正解です！

うまくいくコツ
カトカトーンについて

2. 代表の子どもが出題する

では次に,みんなの中の誰かに問題を出してもらいます。
みんながわからないときはヒントを言ってあげてください。

(出題者)この楽器は金属でできていて,丸い形をしています。

(回答者)はい! ホルンです。とても柔らかい音が出ています。

(出題者)正解です!

3. 2人組をつくり,向き合って問題を出し合う

今度は,隣同士で問題を出し合いましょう。相手に画面が見えないように向き合って座ってください。

音色がたくさんあるから,見つけるのが大変。でも,楽しいよ!

＼ ポイント ／

はじめは「鍵盤で演奏できる楽器」に出題範囲を限定した方が当てやすくなります。慣れてきたら打楽器に範囲を広げるとよいでしょう。

(小梨 貴弘)

聴いてあそぶ

聴こえてくる音楽と音図形の特徴を結び付けよう！
「音図形」音楽当てクイズ

 時間　10分　 準備物
● YouTube が視聴できる端末
● 接続する大型テレビなど

 ねらい

YouTube チャンネル「Smalin」上から選んだ音図形, 聴こえてくる音楽それぞれの特徴をつかみ, 互いを結び付ける。

対象
低学年
中学年
高学年

1. 無音の音図形動画を再生しながら, 3つの音楽を提示する

今から, ある音楽を図形で表した動画を, 音を出さずに流します。3つの音楽を聴いて, その音楽がこれから見る動画のどれにあたるのか, 見つけましょう。

 うまくいくコツ
YouTube チャンネル「Smalin」より「トッカータとフーガ」「白鳥」「アイネ・クライネ・ナハトムジーク」

 音は, どれも「四角形」で表されているな。色の違いは何だろう。

 はじめの部分に出てくる四角形は, みんな同じ形をして動いている。

 1つ目に聴いた音楽は, 図形と音楽が全然合っていないな。

 2つ目に聴いた音楽は, とても柔らかい感じの音がするので, この図形には合わないかな。

はい！ 3つ目に流れた音楽だと思います。なぜなら，四角形の色の数と聴こえてくる楽器の数が同じように感じるからです。

正解です！ この音図形は「アイネ・クライネ・ナハトムジーク」でした。

2. 音楽を流し，3つの音図形動画を提示する

では次に，1曲だけ音楽を流します。同時に音図形の動画を3つ流しますので，どの図形が音楽に合っているか考えてください。
「運命」「カノン」「ハンガリー舞曲第5番」

1つ目の図形は，音の数と図形の数が全然合っていないよ。

3つ目の図形は，図形が動いていく速さと音楽が合っていない感じがする。

はい！ 2番目の音図形だと思います。くり返し出てくる低い音の動きと図形が合っていると思います。

正解です！曲の名前は「カノン」です。

> ＼ ポイント ／
> 流れてくる音図形の形（四角，丸）や色，図形が流れてくるスピードなどに着目させ，聴こえてくる音楽の特徴と結び付けるようにします。

（小梨　貴弘）

聴いてあそぶ

和音の響きを味わおう！
ポーズで和音

時間 3分

準備物 ●タブレット端末やPC

ねらい
聴こえた和音に合わせて体を動かす活動を通して，楽しみながら和声感を身に付ける。

対象
低学年 / 中学年 / 高学年

1. C（1度）とG（5度）を聴き取る

 先生が，C（1度：ドミソ）とG（5度：シレソ）の和音を鳴らします。ポーズをして，どちらが聴こえたか教えてくださいね。

（1度の和音） （4度の和音） （5度の和音）（5度の7の和音）

 先生，簡単に聴き取れたよ！

うまくいくコツ
聴き取りにくそうなときは，周りの人の動きを見てもいいよ，と声かけをしておく。

 すごいですね！　どうやって聴き取っているのですか？

154

響きが，なんだか全然違うよ。

なるほど，どんなふうに違うのですか？ ちなみにF（4度：ドファラ）は，こんな響きです（鳴らす）。F（4度）を加えてもできるかな？

できる！ やってみたい。

2. C（1度）とG（5度）とF（4度）を聴き取る

F（4度）って，なんだか優しい感じだから，わかる。

ぼくはF（4度）とG（5度）が聴き分けにくいから頑張りたい。

だんだん，和音の響きの違いがわかってくるといいですね。それでは，問題を出してくれる人はいますか？

3. 子ども同士で問題を出し合う

> ＼ ポイント＆プラスα ／
>
> MUSICCA「コードプレーヤー」（2次元コード）では，選択した和音を自動で演奏してくれるので，和音を弾けなくても誰もが問題を出すことができます。
> 　慣れてきたら，Am（6度）など，和音の種類を増やしていきます。
> 　また，イラストに示したポーズにこだわらず，和音の響きに合ったポーズを子どもたち自身に考えさせることで，より当事者意識を高めることができます。

（北川　真里菜）

聴いてあそぶ

拍子を聴き取ろう！
何拍子かな

 時間 3分　 準備物 ●いろいろな曲の音源

体を動かして，楽しみながら2拍子と3拍子を聴き分ける活動を通して，拍子の違いを聴き取り，そのよさや面白さを味わう。

対象
低学年
中学年
高学年

1. 2拍子と3拍子の手あそびをする

 2拍子の手あそびをします。1拍目は手拍子をします。2拍目は，ペアとお手合わせをしましょう。できたら，曲に合わせましょう。

 1・2，1・2，って，できたよ！

 それでは，3拍子の手あそびもできますか？　1拍目と2拍目は，さっきと同じ動きです。3拍目も，ペアとお手合わせをしましょう。

2拍子

拍　1　2

3拍子

1　2　3

156

できた〜！ 曲にぴったり合うと楽しいね。

2. 2拍子と3拍子を聴き分ける

 今から「何拍子かなクイズ」をします。ある曲が流れます。ペアとお手合わせをしながら，2拍子か，3拍子かを考えてね。（曲を流す）

 わかった！ この曲は，2拍子だよ！

 なぜそう思ったのですか？

 3拍子のお手合わせをすると，なんだか合わないんだよね。

 僕，何度もやっていたら，だんだんお手合わせをしなくても，何拍子かがわかるようになってきたよ。

 聴いただけで，拍子がわかるようになってきたんですね！

 2拍子はなんだか元気な感じが多いんだね。

 私は，3拍子の優雅な曲が好きになったよ。

> ＼ プラスα ／
>
> 慣れてきたら，ペアを変えます。ピアノの鍵盤や打楽器を「3回鳴らすと3人組」「5回鳴らしたら5人組」で行う，など，お手合わせの人数や相手を変えていくと，もっと楽しくなります。

（北川 真里菜）

聴いてあそぶ

音の上がり下がりを楽しもう！
上がるかな？下がるかな？

 時間　15分　 準備物　●音高を出すことができる楽器（ピアノなど）

２つの音の上がり下がりについて，あそびを通した活動から，実感を伴って理解する。

対象
低学年
中学年
高学年

1. 活動の概要をつかむ

（任意の２音，ドとオクターブ上のドなどを出す）
今，音は上がりましたか？　下がりましたか？

上がった！

よく聴いていましたねぇ。今から音をよく聴くゲームをします。

2. 代表の３人が見本になり，動きを理解する

班の人と輪になって，隣の人と手を合わせます。そのとき，自分の右手は友達の左手の上，自分の左手は友達の右手の下に，手のひらが重なるようにします。

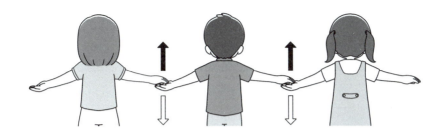

音が上がった場合は，素早く手を上げます。その場合，上に重ねた右手は「逃げる手」，下に重ねた左手は「捕まえる手」です。音が下がった場合は，その逆ですね。「逃げる手」は友達に捕まれなかったら勝ち，「捕まえる手」は友達の手を捕まえられたら勝ちです。では，やってみます！　最初はこの音。（ド・ソ）

上がった！

右手は逃げられましたか？
左手は捕まえられましたか？

> **うまくいくコツ**
> 慣れるまでは，2人組で片手だけ（Aさんの右手とBさんの左手）でやってみる方法もある。

> **うまくいくコツ**
> 2音出す前に前奏などが用意できると盛り上がる。

3.全員で取り組む

みんなでやってみます！　輪になり両手を出します。右手は友達の手の上，左手は友達の手の下です。いくよ！（ソ〜ミ）…下がったね！

＼ ポイント ／
慣れてきたところで，半音の音の動きや同音（動かない）なども取り入れると，活動に変化が生まれ，より楽しむことができます。

（和智　宏樹）

聴いてあそぶ

いろいろな音色で楽しもう！
オノマトペを使ってあそぼう

 時間 15分　 準備物　●ハンドドラム

ねらい

空間を静かにして耳に集中し，聴こえてきた音を，オノマトペで表現する音あそび楽しむ。

対象：低学年／中学年／高学年

1. 教室を静かにできるかな!?

　今からこの音楽室で聴こえている音を探してみたいです。1分間静かに集中できますか？

　できるよーー！

うまくいくコツ
どうしてもおしゃべりしてしまう子どもがいた場合は，しっかり聴いている子どもに「おしゃべりではない音に集中できるかな？」など支援する。

2. 活動①　どんな音があったかな？

　じゃあ，どんな音があったか教えてくださいー！

　「ドンドン」「ウィーン」「ジ————」などなど

　おっ！　たくさん見つけましたね！　ちなみにその音の正体は何だったのでしょう？

エアコン！ 外の車の音！ など

> **うまくいくコツ**
> 周りの空間にはたくさんの音が存在することに気づいてもらう。

3. 活動② 見つけた音であそぼう！

 じゃあ，見つけた音であそびましょう！
先生がみんなに拍に合わせて「見つけた音はどんな音」って聴くから，4つの拍に自由に音を入れて答えてくださいね!!

 みつ けた おと は どん なお と ウン（8拍）

 ドン ドン ドン（ウン）（→先生「拍3つに合わせたね」）

 ウィーーーーーン （→先生「わっ!! のびーーるリズムだね」）
（慣れてきたら一人一人にスポットをあてる）
例→ドンドンドン（ウン）→（全員で）ドンドンドン（ウン）
（このような流れでどんどん色々な子どもにあてて，先生はつくったリズムに価値づけする）

> **＼ ポイント ／**
> 見つけた音が，オノマトペのリズムパターンになっていく過程と，先生の価値づけ（「のばすリズムもつけたんですね」など）が大切です。

（岩井 智宏）

聴いてあそぶ

音楽を聴きながらボールゲームを楽しもう！
ベルが鳴ったらボールを渡そう

時間　8分

準備物
●鑑賞用音源「タイプライター（アンダーソン作曲）」
●片手で手渡しできるサイズのボール

ねらい

「タイプライター」の曲の特徴を，ボールの動きで表す楽しい活動を通して，音色や速度の変化などを感じ取る。

1. 音楽の特徴を見つける

「タイプライター」の曲を聴きましょう。曲の中に，目立つ音が，たまに聴こえてきますよ。どんな音でしょう？

ベルの音が，「♪チ〜ン♪」って鳴ってるのが聴こえるよ！

2. ルールを理解する

それでは，1人1つずつボールを持ちます。「タイプライター」の曲を聴き，主な旋律が聴こえてきたら，ボールを持った手で拍子をとります。「♪チ〜ン♪」の音が聴こえたら，別の手にボールを持ち替えます。曲の途中までやってみましょう。

曲の中に「カチャカチャカチャカチャ…♪チ〜ン♪」の音がたくさん聴こえるよ。指揮者みたいに，ボールを動かしても楽しいね。

3. ボールゲームを楽しむ

今度は2人組になり，1つのボールを手渡しするあそびです。主な旋律が聴こえたら，ボールを持った人は，音楽に合わせて自由に動かしましょう。そして，「♪チ〜ン♪」の音が聴こえたら，友達にボールを手渡します。ではゲームを始めます。

「♪チ〜ン♪」の音は，1度だけではなく，2度続けて鳴るときもあるんだね。

うまくいくコツ
予期しないところで鳴る「♪チ〜ン♪」の音をよく聴きましょう。

音楽をよく聴いていましたね。今度は人数を変え，別のグループで，1つのボールを時計回りに手渡しながらゲームをしましょう。たくさんのお友達と，ゲームを楽しんでくださいね。

①主な旋律が聴こえたらボールを持ち替えながら拍子をとります。
一人で

②「♪チ〜ン♪」の音が聴こえたらボールを渡します。
ペアで

グループで
いつ♪チーン♪が鳴るの？ドキドキ

聴いてあそぶ

＼ ポイント ／
活動しやすい速度で「♪チ〜ン♪」がよく聴こえる音源を用意します。「タイプライター」ルロイ・アンダーソン・ベスト・ヒット（レナード・スラットキン指揮／セントルイス交響楽団）がお勧め。

（河﨑　秋彦）

内容別　短時間でパッとできる音楽あそび　163

聴いてあそぶ

音楽と一体になって動こう！
音になって動こう

 時間 10分　 準備物　●トライアングル　●太鼓　●サウンドホース　●スライドホイッスル　●新聞紙　●空き缶　●空き瓶等

ねらい
モノから発せられる音の響きや流れに同期するように，体を動かすことで，音を聴く感覚を研ぎすます。

対象：低学年／中学年／高学年

1. 音に集中①　ト라インアングル

先生が鳴らす音を，指1本で表してみましょう。（トライアングルを鳴らす。長く響くように大きく）

うまくいくコツ
机等がなく自由に動ける場所で，一人一人の空間を保って座る。

結構長く聴こえている。まだ響いているよ。

僕と〇〇さんは違う動きだ！

うまくいくコツ
音に集中させ，最初はシンプルな音を長く響かせて聴かせるようにする。

まだ響いているのをよく聴いていますね。すばらしい！　次は足で動いてみましょう。（鳴らす音や，動かす体の部位を変えて何回か行う）

2. 音に集中②　太鼓

164

次は，この音で動いてみましょう。音をキャッチしてみましょう
（太鼓をバチでたたく音）

（キャッチという言葉に反応し，自然と構えるポーズで待っている）
わあー！　おっと！（声を上げながらキャッチする）

3. 音に集中③　スライドホイッスル

次の音は，どんな動きになりますか？

わー！　全員，のびあがったぁ〜。

4. 動いて感じたことを全体で共有する

動いてみてどうでしたか？

体が自然に動いちゃう。みんな，同じような反応で面白い！

「こんな動き」っていうイメージが勝手にわいてくる。

> ＼ プラスα
> 　１回に使用する楽器の種類を減らし，いろいろな鳴らし方での個の反応について話し合うのもよいでしょう。あらかじめ，鳴る音をみんなで想像してから動いたり，子どもが様々な鳴らし方を工夫したり，うまく反応して動いているか，仲間と見合ったりするのも楽しい活動です。
> 　サウンドホースや新聞紙など様々な素材で応用できます。

（菊池　康子）

聴いてあそぶ

音楽に合わせてリズムを取ろう！
コップのリズムで「茶色の小びん」

時間 10分

準備物
● プラスチックコップ（紙コップ）1個
●「茶色の小びん」音源

音楽に合わせながら，みんなで楽しいリズムの取り方を共有する。

対象
低学年
中学年
高学年

1. リズムの取り方を理解する①

コップでリズムを取りましょう。コップの口は下向きに置いておきます。今回のリズムパターンは2つです。

まずは①のリズムです。　♩♩ ♫♩ │♩♩♩ ₹
　　　　　　　　　　　パン パン ト コトン　パンモッテトン

できるかなぁ。楽しそう。

♩♩（パンパン）は手拍子を2回打ち，♫♩（トコトン）は，机を右左右と交互にたたきます。♩♩♩♩ ₹（パンモッテトン）は，パンで手拍子を1回打ち，モッテで右手でコップを持ち上げ，トンで机に置きます。では，ゆっくりやってみましょう。

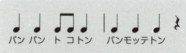

できた！　簡単！

うまくいくコツ
パン…手拍子
トコ　トン…机をたたく
モッテ…右手でコップを持つ
先生は反転して，見本を見せるとわかりやすい。

166

2. リズムの取り方を理解する②

次はこのリズムです。♩ ♩ ♩ ♩ ｜♩ ♩ ♩ ♩ 𝄽
　　　　　　　　　パン サカ ポン コ　ハン トン クロス

うわぁ，難しそう！　どうやってやるのかな。

♩（パン）で1回手拍子をして，♩（サカ）で右手親指が下にくるように，手を逆さにしてコップを持ち，♩（ポン）でコップの口と左手を合わせます。♩（コ）で右手のコップの底の角を机に置き，♩（ハン）で反対の手でコップの底を持ち直し，♩（トン）で，机に右手を置き，♩（クロス）で，左手をクロスしながら，机にコップを置きます。

ゆっくりくり返しやってみましょう。

うまくいくコツ
サカ…右手を逆さにしてコップを持つ
ポン…コップの口と左手を合わせる
コ…コップの底の角を机にあてる
ハン…反対の左手で持つ
クロス…クロスしてトン

3. 「茶色の小びん」に合わせてリズムを取る

では，リズムに慣れてきたので，「茶色の小びん」（ジョセフ・ウィナー作曲）に合わせてリズムを取ってみましょう。（リズムを先生が声に出しながら。まずはゆっくりから，だんだん速くしていく）

＼ プラスα ／
同じリズムで，他の4拍子の曲にも合わせることができます。また，色々なリズムを自分たちで考えて，音楽づくりをすることもできます。

（十倍　愛）

内容別　短時間でパッとできる音楽あそび

聴いてあそぶ

リトミックスカーフを使って旋律の動きを感じ取ろう！
スカーフリレー

 時間 10分　 準備物　●リトミックスカーフ

音楽に合わせてリトミックスカーフを動かしながら，旋律の動きやフレーズを感じ取る。

対象
低学年
中学年
高学年

1. ルールを理解する

「愛のあいさつ」（エルガー作曲）の音楽に合わせて，スカーフを動かします。5人で円になります。1人がスカーフを持って，音楽に合わせて動かします。「音楽が一区切りかな」「落ち着くな」と思ったところで，右隣の人にスカーフを渡します。音楽をよく聴いて，相手に渡せそうなタイミングで，優しく次の人に渡しましょう。

2.「愛のあいさつ」を聴く

5人で円になりましたね。では一度音楽を聴いてみましょう。
（18小節まで聴く）

～♪わかった！　ここのタイミングね。

優しい音楽だね。

うまくいくコツ
音楽を一度じっくり聴いてから活動を始める。

168

3. 「愛のあいさつ」に合わせて，スカーフリレーをする

 では，スカーフリレーを始めます。「一区切りつく」と思ったところで，右隣の人にスカーフを渡してください。（18小節まで流す）

 ～♪　はい。（右隣へ渡す）

 （18小節目まで流したら止める）では，今何人目までスカーフがリレーができましたか。

 3人目！

 え，こっちは2人目まで！

うまくいくコツ
フレーズの区切りと感じる場所が違ってよく，あそびながら，音の変化やまとまりに注目していく。

 グループによって，区切りと感じる場所が違いますね。音楽がどこまでで一区切りか，まとまりを感じながら，スカーフを回していきましょう。最後に，もう少し長く音楽を流すので，リレーをしましょう。

＼　ポイント　／

区切りの部分を感じることで，旋律のつながりや，音の変化を聴き取り，フレーズのまとまりを共有することができます。子どもの実態に合わせて，中間部や最後まで聴きながら活動するのもよいでしょう。

（十倍　愛）

聴いてあそぶ

世界の国々の音楽に親しもう！
世界の音楽・国当てクイズ

 時間 15分　 準備物　●教科書　●指導用CD

写真や解説を手がかりにしながら，世界の国々の音楽を聴きくらべて，様々な国の音楽に親しむ。

対象　低学年　中学年　高学年

1. ルールを理解する

 今から，世界の音楽・国当てクイズをします。まずは教科書の「世界の国々の音楽」のページを開き，色々な音楽の写真を見てください。次に，先生がその中からどこかの国の音楽を流したら，写真や解説の文を手がかりにして，どこの国の音楽か，当ててください。

2. クイズをする

 では，最初の音楽です。どこの国の音楽かわかりますか？

 インドネシアのガムランだと思います！

 正解です。なぜ，そう思ったのですか？

 うまくいくコツ
なぜそう思ったのか問い返すことで，音楽を深く聴けるようになる。

 鉄琴のような金属の音がしたので，ガムランかなと思いました。

170

なるほど，楽器の音に注目して答えたのですね！ では，次の音楽です。 どこの国の音楽がわかりますか？

 笛みたいな音が聴こえるな。

 バグパイプとメヘテルハーネ，どっちだろう…。

3. クイズを振り返る

 色々な音楽を聴きましたが，どこの国の音楽が気に入りましたか？

 私はフォルクローレが気に入りました。どんな楽器が使われているのか，もう少し詳しく知りたいと思いました。

＼ プラスα ／

写真や解説は，先生が自作してもよいと思います。また，クイズを通して気に入った音楽について，子どもが調べ，子どもが解説しながら，みんなで音楽を聴いてみると，子ども全員の学びが深まります。

（小田　康介）

聴いてあそぶ

どんな曲を作曲したの？
作曲家まちがい探し

 時間 5分   準備物   ●いろいろな曲の音源

作曲した曲を予想する活動を通して，作曲家やその作風，音楽の歴史や音楽ジャンル等についての知識を楽しみながら得る。

対象：低学年／中学年／高学年

1. ルールを理解する

 みんな，ベートーベンって知ってるかな。

 知ってるよ！　前に授業でやったね。「運命」をつくった人だよ。

 そうだね。18～19世紀，日本でいうと江戸時代に生きた作曲家でしたね。今から，曲を3曲かけます。3曲の中には1曲だけ「ベートーベンが作曲していない曲」が入っています。その曲はどれか，当ててくださいね。（切りのよいところまで聴かせる）

2. 演奏に耳を傾けて，作曲家のまちがい探しに取り組む

 まずは，1曲目。（「エリーゼのために」をかける）

 この曲，ピアノで弾いたことあるよ。

次は，この曲です。（ドビュッシー「月の光」をかける）

 なんだか…聴いたことがあるような…。

 次は，この曲です。（「交響曲第9番」をかける）

 わかったよ！ ベートーベンが作曲していないのは，2曲目だ！

 それでは，正解を発表します。間違い曲は…2曲目でした！

 やったー！ 2曲目だと思っていたよ。

 2曲目だけ，なんだか音楽の雰囲気が違うんだ。

 2曲目は，ベートーベンよりもだいぶ後の時代，19～20世紀につくられたドビュッシーの音楽です。印象派と呼ばれる音楽です。

 へー！ 印象派って美術とも関係があるの？ 調べてみたいな。

 次の問題では，どんな作曲家が出てくるでしょう？ 楽しみですね！

＼ ポイント ／

正解がわかったら，曲名や作曲者などを軽く説明して「興味があったらぜひ調べてみてね」と声をかけましょう。子どもたちの知的好奇心を刺激し，いろいろな音楽に興味をもつことにつながります。

（北川　真里菜）

タブレット端末であそぶ

何が聴こえてくるかな？
音を想像しよう

 時間 5分　 準備物
●タブレット端末やPC
●身の回りの写真データ

身近な風景や動物，絵などから音を想像する活動を通して，生活や社会の中の音に親しむ。

対象：低学年／中学年／高学年

1. 身近な動物などの写真から音を想像する

　これはかえるの写真です。どんな音が聴こえてきそうですか？

　かえるがケロケロッって鳴いていそうだよ。

　わからないなあ。

　AIは，こんな音がするんじゃないかなって想像しています。
（Imaginary Soundscapeで音を再生する）

　わー，想像と違って，クワックワッっていう鳴き声がした！

　1枚の写真からでも，いろんな音が想像できるんですね。

2. 身近な風景などの写真から音を想像する

この風景からは,どんな音が聴こえてきそうですか?

 校庭のブランコの写真だ! ギーコーって,漕ぐ音が聴こえる。

 みんなの笑い声も聞こえてきそうだよ。

 ギーっていう音がしそう。AIはどんなふうに想像したのかな!?
(Imaginary Soundscape で音を再生する)

 わ~,私たちの想像と同じだ!

 昼休み,ブランコのところへ行って,本当の音を聴いて来たい!

 だんだん音を想像できるようになって,楽しくなってきたよ。

＼ ポイント ／

無料のウェブサービス「Imaginary Soundscape」は,選択した場所の風景やアップロードした画像にAIがピッタリくる音をその場で探してくれます。

(北川 真里菜)

タブレット端末であそぶ

クイズで楽しみながら日本の音楽のよさを味わおう！
日本の楽器や音楽当てクイズ

 時間 3分　 準備物 ●CD ●動画 ●タブレット端末 ●楽器の写真のスライド，可能なら現物

ねらい

日本の楽器（箏，尺八）の名前や音色，雅楽の音楽の特徴に興味・関心をもつ。

対象　低学年　中学年　高学年

1. どんな楽器で演奏されているか，楽器名を当てよう

 今日は「日本の楽器や音楽」をテーマにしたクイズをやります。これは何の楽器の音色ですか？（箏「さくらさくら」をかける）

うまくいくコツ
答え合わせのときに，楽器の画像のスライドを映し，視覚的にも配慮しながら確かめていく。

 お箏かな？

 そうです，聴いてすぐに気づきましたね！　すばらしい。では，この次は何の楽器の音色かな？（「春の海」をかける）

 あれ，さっきのお箏も聴こえるけれど，他の楽器の音もするよ。

 こちらは尺八ですね。（可能なら現物を見せる）宮城道雄さんが作曲した「春の海」という曲は，箏と尺八で演奏されています。

2.6年生では,雅楽の導入につなげていく

今から聴こえてくる音楽を「聴いたことがある」という人は,手を挙げてください。(雅楽「越天楽」を聴かせる)

神社で聴いたことがある気がするなぁ。

これは何という音楽ですか。次の3つから想像してみましょう。
(「雅楽」「円楽」「行楽」と板書する)
これは雅楽ですね。雅楽を今の言葉に直すと「優雅な音楽」でしょうか。約1300年の歴史があり,平安時代の貴族の人たちに親しまれていた音楽です。この音楽を,オーケストラの楽器と比べてみると,どんな特徴がありますか?

笛や太鼓,箏に似ている楽器もあるね!
(龍笛や篳篥,鞨鼓や楽箏など)

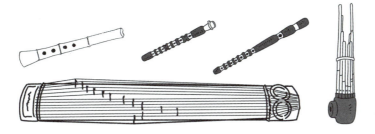

＼ プラスα ／
学年ごとに復習として使ったり,中学生になってからも日本音楽の学習の前のレディネステストとしても使ったりすることが可能です。

(磯　幸子)

タブレット端末であそぶ

Song Makerで編曲を楽しもう！
Song Makerで「かえるの合唱」をアレンジ

 15分　　●タブレット端末
　　　　　　　　　●インターネット環境

時間　　　　　準備物

1人1台端末を使って，親しみやすい曲を自分なりにアレンジして楽しむ。

対象

中学年
高学年

1. Song Makerの使い方を知る

今日はSong Makerを使って，編曲をしましょう。Song Makerは，簡単に音楽づくりができるWebアプリです。みなさんのタブレットに，元のデータを送りました。そこには，既に「かえるの合唱」の旋律が入力されています。マス目をクリックするだけで，音が追加されたり，消したりすることができます。1人ずつタブレットで編曲していきましょう。

簡単にできるね。

元の旋律は変えてもよいですか。

変えてもよいですが，「かえるの合唱」の特徴を生かしながら，アレンジをしていきましょう。「かえるの合唱」の特徴は，どんなところでしょうか。考えながらつくってみましょう。

178

2. かえるの合唱をアレンジする

 どのようにアレンジしましたか。

 「かえるの合唱」の山型の旋律の高さを変えてみました。

 旋律を重ねてみました。

3. 友達と共有する

 他にもどのようなアレンジがあるか，近くの友達とつくった作品を共有してみましょう。

 何度も同じ旋律をくり返しているね。

 少しずつずらして追いかけるようにしたよ。

 伴奏もつけてみました。

Song Maker で作成した「かえるの合唱」

> ＼ プラスα ／
> 設定から，小節数を増やしたり，高さの範囲を広げたりすることもできます。音色や速さを変えると，曲のアレンジの幅が広がります。

（十倍　愛）

タブレット端末であそぶ

クイズアプリで，記号や用語を覚えよう！
Kahoot!で音楽クイズ

 時間 10分　 準備物　●タブレット端末

　それぞれの学年で学習する音符，休符，記号や用語の名称や意味を，クイズアプリを活用して覚える。

対象
低学年
中学年
高学年

1. ルールを理解する

今から Kahoot! を使って，音楽クイズをします。タブレットの電源を入れてインターネットを開いたら，Kahoot! のページにしてください。電子黒板に出ている PIN コードを入力したら，好きなニックネームをつけて参加してください。

2. クイズを始める

今日の問題は，音符や記号の名前です。すべて4択クイズで，早く答えるほど点数が高くなります。それでは，第1問！

これは，簡単！

 はい，正解はクレシェンドでした。みなさん，よく覚えていましたね。では，第2問！

うまくいくコツ
回答状況を見て，問題の解説を入れると，間違えた子どもの理解が進む。

 あ〜，わかっていたのに，間違えて答えちゃった！

 付点とスタッカート，どっちも点だから，間違えやすいよね。

 そうですね。音符の横に付いているのが付点，音符の上下に付いているのがスタッカートでしたね。

3. 振り返る

 やったー，表彰台にのれたよ！

 もう1回やりたい！

 早く答えるほど，高得点になります。次は，なるべく早く答えられるよう，もう1回やってみましょう！

＼ ポイント ／

「もう1回！」と言う子どもたちにつき合うのが，ポイントです。くり返し同じ問題に取り組むことで，内容が定着していきます。
　Kahoot!のアカウントは無料でHPから簡単に作成することができます。いろいろな問題をつくって，クイズを楽しんでください。

（小田　康介）

タブレット端末であそぶ

昔なつかし絵かき歌をしよう！
へのへのもへじ・かわいいコックさん

 15分 時間　 準備物
- ●自由帳　●筆記用具
- ●大型テレビ　●教師用タブレット端末

昔あそびの絵かき歌に親しみ，口ずさみながら楽しむ。

対象
低学年
中学年

1. 事前に準備する

（YouTube の中から適切と思われる「絵かき歌」を，ブックマークに入れておく）
- ・昔なつかし　えかきうた　いろいろなへのへのもへじ
- ・昔なつかし　えかきうた　かわいいコックさん
- ・カエル　絵かき歌　簡単
- ・それいけアンパンマン　アンパンマン絵かき歌
- ・公式　ポケモンパペット劇場　絵かき歌　ぴかちゅう
- ・どらえもん　絵かき歌　大山のぶ代
- ・すみっこぐらし　とかげ　絵かき歌
- ・ワンピース　ルフィ　絵かき歌　　　　など

2. 大型テレビなどで，一度映像を見てから，2～3回かいて楽しむ

自由帳と鉛筆だけ用意してください。まずテレビを見てみましょう。

保育園でやったことがあるよ。
知ってる〜。

> うまくいくコツ
> YouTube は最初に CM が流れるため，CM が終わってからテレビに接続するようにする。

では，みんなもかいてみましょう。失敗しても消さなくてよいですよ。また，2回目もあるから安心してください。では，テレビを見ながらかいてみましょう。

> うまくいくコツ
> 「設定」の「再生速度」を0.75倍または0.5倍にしておく。

できたー！　変になっちゃた！

上手にかけましたね。とてもかわいいです。もう1回かいてみましょう。

3. 2〜3種類　他の絵かき歌も楽しむ

今度はこんなのもありますよ？　挑戦してみませんか？

あ〜，ついていけない！　まって〜!!

では，少しスピードを遅くしましょうね。

できたよ〜！　うまくかけたよ！

＼ ポイント ／

昔あそびは，意外と子どもにとって未体験なものです。また知ってはいてもそれほどあそび尽くしてはいません。わらべ歌などは，跳躍音程が少ないので，口ずさみながら音程感を育てるのに有効です。

（藤宮　博子）

タブレット端末であそぶ

作曲AIを使って曲づくりを楽しもう！
CREEVOで作曲家になろう

時間 10分　準備物 ●タブレット端末　●インターネット環境

ねらい
CREEVO 自動作曲（作曲 AI）を使って，歌詞から気軽に自動作曲を楽しむ。

対象

1. CREEVO自動作曲の使い方を理解する

CREEVO（クリーボ）を使って，作曲をしましょう。CREEVO を使えば，自動作曲（作曲 AI）によって，入力した歌詞からオリジナルなメロディーを簡単につくることができます。

まず，30文字くらいの歌詞を自由に考えます。CREEVO を開いたら，考えた歌詞を入力してみてください。読みがなを確定し，作曲タイプを「全自動で作曲」に設定してください。ファイルの生成を行い，少し待つと作品ができます。作品ページには3曲候補が挙がるので，自分の好きなタイプを選択してみましょう。

2. 自由に歌詞を考える

まず，考えた歌詞を入力してみましょう。

どういう歌詞にしようかな。

うまくいくコツ
長すぎると，歌詞の生成に時間がかかるので，30文字程度にするとよい。

3. CREEVO自動作曲に歌詞を入れて作曲する

歌詞を入れて，読みがなを押し，作曲タイプを「全自動で作曲」に設定します。ファイルの生成をすると，作品ができますよ。

できました！　すごいなぁ！

作品ページの3曲候補の中から，自分の好きなタイプを選択してみましょう。

自分は2曲目が好きかな。こんなに簡単に曲ができるんだ。

4. いろいろな歌詞で自動作曲を試す

自分たちでつくった歌詞から，生成AIを使うと，簡単に曲がつくれましたね。他の歌詞も試してみてください。

＼ プラスα ／

　右の2次元コードから CREEVO の HP にアクセスできます。

　他にも「曲をデザインして作曲」することもできます。自分の歌詞から，コード進行，メロディーのスタイル，伴奏のスタイルを選択して，より自分の好みの曲を，簡単に作曲することができます。

（十倍　愛）

異学年とあそぶ

全校で旋律をつないで歌おう！
全校「きらきらぼし」

 時間 10分　 準備物
- トーンチャイム
- 「きらきらぼし」の階名の楽譜（スライド）掲示

ねらい
学年ごとに階名を分担して階名唱をすることで，全校で旋律をつないで歌う楽しさを味わう。

対象
 低学年
 中学年
 高学年

1.「きらきらぼし」を演奏したり，階名唱したりする

（司会）今から，○年生（集会の発表学年）がトーンチャイムで演奏します。曲名を当ててください。
（♪「きらきらぼし」を6人でトーンチャイムで演奏）

知ってる！「きらきらぼし」だぁ。

（司会）そうです。「きらきらぼし」です。みなさんは「きらきらぼし」を階名（ドレミ）で歌えますか？ トーンチャイムの音がきこえるように，小さめの声で歌ってみましょう。
（♪「きらきらぼし」トーンチャイムの演奏と一緒に歌う）

うまくいくコツ
司会は集会委員または発表学年の子どもが担当する。演奏や発表に対して，臨機応変に子どものコメントを入れられると，集会が盛り上がる。

2. 全校で音（階名）を分担し，「きらきらぼし」の旋律を階名唱する

（司会）次は，全校のみなさんで学年ごとに音を担当して歌います。1年生はド，2年生はレ，3年生はミ，4年生はファ，5年生はソ，6年生はラだけ歌ってください。トーンチャイムを鳴らすように，手を動かしながら歌いましょう。では，はじめの部分で練習します。

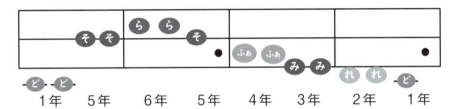

（司会）（歌を聴いたコメント例）さすが，6年生。高い声がきれいですね。みなさんも音の高さに気をつけて歌いましょう。

（司会）それでは本番です。旋律がきれいにつながるように，心を合わせて歌いましょう。
（♪「きらきらぼし」全校で通して歌う）

> **うまくいくコツ**
> 提示する楽譜はド（赤），レ（黄色），ミ（緑），ファ（ピンク），ソ（青），ラ（紫）と色分けすると，各学年の担当がわかりやすくなる。

＼ ポイント ／

トーンチャイムやハンドベルを演奏するとき，自分が担当する音以外をサイレント・シンギングする（心の中で歌う）ことが大切です。旋律に親しみ，音程感が養われます。タイミングよく自分が担当する音を歌う練習をしてから，音の高さに気をつけて歌うようにしましょう。

（石井　ゆきこ）

異学年とあそぶ

隊形を工夫して互いに聴き手・歌い手になろう！
音楽集会 "お立ち台" で君が主役

 時間 **10分**　　 準備物　●ひな壇の小6～8台
（ひな壇のことを子ども達には"お立ち台"と伝えます）

ねらい
コの字のひな壇に立ち，顔を見合って歌うことで，みんなで歌う楽しさを味わう。

対象
低学年
中学年
高学年

1. 全校音楽集会の隊形になり，全校で歌う

 一度，全校で今月の歌（例）「手のひらを太陽に」を歌いましょう。
※このときはひな壇には乗らないで，全員コの字の隊形で歌う。

 次に，"お立ち台"に乗って歌う人，前に出てきてください。
みなさんは，各クラスの代表さんを応援しましょう。

 行ってきまーす！

 頑張れ～！

> **うまくいくコツ**
> あらかじめ，担任に伝えて，各クラス3～5名，ひな壇に乗る人を決めておく。

2. ひな壇にクラス代表が乗って，曲の前半を歌う

 "お立ち台"のみなさん，せっかくなので，みなさんだけで歌ってもらっていいですか？

188

えーーー！！？ ヤッタ〜ー！！
（ひな壇の人だけで，はじめから，「手のひらを太陽に〜」の前までの前半を歌います）

"お立ち台"のみなさんに大きな拍手をしましょう！

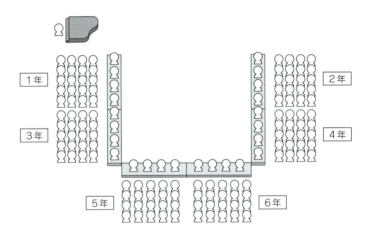

3. 全校でひな壇の人と全員が向かい合って，みんなで歌う

今度は全員で歌いましょう。"お立ち台"の人も歌いましょう。

＼ ポイント ／

ひな壇の人だけで歌うことで，ちょっと目立ってみんなに認めてもらえます。またどちらも聴き手であり，歌い手であることで，みんなで歌う楽しさを実感できます。

（後藤　朋子）

異学年とあそぶ

みんなの歌声を知ろう！
音楽集会〜低・中・高の素敵な歌声

時間　10分　準備物　特になし

ねらい
低・中・高学年ごとに歌うことで，互いの歌声を聴き合い，それぞれのよさを認める。

対象
低学年
中学年
高学年

1. 歌う順番を確認する

はじめに，5・6年生のみなさん，「今月の歌」の1番を歌ってください。1〜4年のみなさん，素敵な歌声を聴いていてくださいね！

2. 高学年が1番を歌う

どうでしたか？

すごかった！　とってもきれいな歌声！

3. 中学年が2番を歌う

では3・4年生のみなさん，2番を歌いましょう。

うまくいくコツ
授業で事前に集会の流れを説明し，それぞれの学年のよさを聴き合うことを伝えることで，見通しをもたせ，安心して歌える環境を準備する。

中学年のお兄さんお姉さんも、どなってなくて、かっこよかったですね！ では最後に1・2年生のみなさん、3番（または1番）を歌いましょう。じゃ、歌います！

4. 低学年が3番（または1番）を歌う

1・2年生のみなさんの歌はどうでしたか？

笑顔いっぱいで、元気な声で、上手だった！

では、みんなで声を合わせて、歌いましょう。

5. 全校で歌う

どの学年もみんな素敵でしたが最初の高学年のみなさん歌は、中・低学年のみなさんのお手本になりましたね。ありがとう！
お互いに拍手しましょう。

＼ ポイント ／

　1番は「高学年」、2番は「中学年」、3番は「低学年」と順番に歌うだけで、あら不思議！、全校の歌声が素敵になります。自然と高学年の歌声のよさに気づき、憧れをもって、まねをします。
　全校の児童が揃う音楽集会のよさです。

（後藤　朋子）

【編者紹介】

『授業力&学級経営力』編集部
（じゅぎょうりょくあんどがっきゅうけいえいりょくへんしゅうぶ）

【執筆者一覧】（執筆者順）

津田　正之（国立音楽大学）
髙倉　弘光（筑波大学附属小学校）
笠原　壮史（筑波大学附属小学校）
納見　　梢（埼玉県北本市立北小学校）
岩井　智宏（桐蔭学園小学校）
菊池　康子（茨城県つくば市春日学園義務教育学校）
平野　次郎（筑波大学附属小学校）
遠山　里穂（埼玉大学教育学部附属小学校）
北川真里菜（和歌山大学教育学部附属小学校）
和智　宏樹（山梨県上野原市立上野原小学校）
酒井美恵子（国立音楽大学）
十倍　　愛（さいたま市教育委員会学校教育部教育研究所指導主事）
松長　　誠（埼玉県所沢市立中央小学校）
小梨　貴弘（埼玉県戸田市立戸田第一小学校）
髙橋　詩穂（京都教育大学附属小学校）
磯　　幸子（茨城県笠間市立みなみ学園義務教育学校）
小田　康介（東京都荒川区立尾久西小学校）
藤宮　博子（東京都あきる野市立一の谷小学校）
後藤　朋子（東京都日野市立平山小学校）
上原　正士（熊本大学教育学部附属小学校）
石井ゆきこ（東京都港区立芝小学校）
河﨑　秋彦（公益財団法人音楽鑑賞振興財団）

6年間まるっとおまかせ！
短時間でパッとできる音楽あそび大事典

2025年3月初版第1刷刊 Ⓒ編　者　『授業力&学級経営力』編集部
発行者　藤　原　光　政
発行所　明治図書出版株式会社
　　　　http://www.meijitosho.co.jp
　　　　（企画）木村　悠　（校正）吉田　茜
　　　　〒114-0023　東京都北区滝野川7-46-1
　　　　振替00160-5-151318　電話03(5907)6703
　　　　ご注文窓口　電話03(5907)6668

＊検印省略　　組版所　広　研　印　刷　株　式　会　社

本書の無断コピーは、著作権・出版権にふれます。ご注意ください。

Printed in Japan　　　　　ISBN978-4-18-360421-7
JASRAC 出 2410061-401

もれなくクーポンがもらえる！読者アンケートはこちらから →